O CONTRADITÓRIO NO PROCESSO JUDICIAL

(uma visão dialética)

CIP-BRASIL. CATALOGAÇÃO NA PUBLICAÇÃO
SINDICATO NACIONAL DOS EDITORES DE LIVROS, RJ

B732c
3. ed.

Borges, José Souto Maior
O contraditório no processo judicial : uma visão dialética / José Souto Maior Borges. - 3. ed., rev. - São Paulo : Noeses, 2021.

166 p. ; 23 cm.
Inclui bibliografia
ISBN 978-65-89888-37-6

1. Direito processual - Brasil. 2. Contraditório (Direito) - Brasil. I. Título.

21-74220 CDU: 347.926(81)

Meri Gleice Rodrigues de Souza - Bibliotecária - CRB-7/6439

José Souto Maior Borges

O CONTRADITÓRIO NO PROCESSO JUDICIAL

(uma visão dialética)

3ª edição revista

Atualização:

Ricardo José Souto Maior Borges
Paulo Fernando Souto Maior Borges
Maria Isabel Souto Maior Borges

2021

editora e livraria
NOESES

Fundador e Editor-chefe: Paulo de Barros Carvalho

Gerente de Produção Editorial: Rosangela Santos

Arte e Diagramação: Renato Castro

Revisão: Microart

Designer de Capa: Aliá3 - Marcos Duarte

Arte de capa:

Autora: Lúcia Suanê
Título: Anoitecimento
Técnica: Óleo sobre tela, aluminio e madeira
Dimensão:130x125cm
Ano: 2017
Acervo: da artista

2021

editora e livraria
NOESES

Editora Noeses Ltda.

Tel/fax: 55 11 3666 6055

www.editoranoeses.com.br

A Tetê minha esposa,
pertence esta obra.

Dedicado em memória
aos meus pais Dirceu e Paula;
aos meus irmãos Reginaldo, Maria Inês e Martha Maria;
ao meu amigo Alfredo Augusto Becker.

Reproduzo aqui a mesma homenagem de Paulo Quintela à memória de seu irmão, que outra melhor não me seria dada:

Os adormecidos

Um dia fugaz eu vivi e cresci entre os meus

Um dia após outro adormeceram, deixando-me só

E no entanto, adormecidos, vocês estão despertos em meu coração

Na alma parente repousa a sua imagem fugidia

E mais vivos, vocês vivem onde a alegria do espírito divido

A todos que envelhecem, a todos os mortos rejuvenesce.

(Hölderlin)

NOTA DE ATUALIZAÇÃO À 3ª EDIÇÃO

Foi com imensa alegria e satisfação que recebemos a notícia da publicação desta 3ª edição do *Contraditório no processo judicial*, realizada em conjunto com a 4ª edição do *Ciência feliz*, pela Editora Noeses.

Tal como efetuado na nota de atualização à mais nova edição do *Ciência feliz*, agradecemos de logo ao Prof. Paulo de Barros Carvalho, não somente pela publicação, mas principalmente pela amizade e pelo acompanhamento bastante próximo da atividade intelectual do Mestre Souto, ao longo de toda a sua carreira, conforme por ele próprio salientado no *Obrigação tributária*.[1]

A despeito do curto espaço de tempo para uma revisão mais acurada – o que se deveu ao louvável intuito de promover o lançamento também desta 3ª edição durante o XVIII Congresso Nacional de Estudos Tributários do Instituto Brasileiro de Estudos Tributários – IBET –, o trabalho nos foi bastante facilitado, em virtude da revisão prévia (ortográfica, gramatical e contextual) efetuada pela competente equipe da Editora Noeses, de modo que a atualização foi realizada tão somente quanto a alguns poucos pontos.

1. No prefácio é feito agradecimento ao Prof. Paulo de Barros Carvalho "pelas observações críticas resultantes do solidário interesse no acompanhamento da obra".

Buscando parafrasear os melhores (no caso, a Profa. Misabel Derzi na sua nota de advertência quando da atualização do livro *Direto tributário brasileiro*, de Aliomar Baleeiro): "esta obra conserva fielmente o pensamento do seu Autor, sem quaisquer cortes, reduções ou ampliações discrepantes do texto original".

A obra de José Souto Maior Borges, seu pensamento mais adensado e boa parte de sua filosofia de vida, que ultrapassam os limites do direito tributário (notadamente neste livro, voltado à *arte* da dialética no direito processual), continuarão a orientar aqueles que já se conscientizaram da importância de se viver *do* direito tributário e não *para* o direito tributário (Becker).

Ricardo José Souto Maior Borges

Paulo Fernando Souto Maior Borges

Maria Isabel Souto Maior Borges

SUMÁRIO

1

PREÂMBULO

I – Retorno à tradição: pensamento retrospectivo. II – Hostilidade autofágica ao passado. III – Desbastando o caminho: os antecedentes desta obra. IV – Um ato de contrição: o retorno à "dialética perennis". V – Atualidade do direito romano. VI – Fidelidade à tradição: manifestação mais elevada do autenticamente moderno.

I – Retorno à tradição: pensamento retrospectivo

> "O passado não é aquilo que passa, mas o que fica do que passou" (Tristão de Athayde).
>
> "É porque o mais perigoso de todos os bens, a linguagem, foi dado ao homem (...): para que ele testemunhe o que é (...)" (Hölderlin).

Não há marco zero para o pensamento humano. Característica de uma cultura é o ser transmissível e efetivamente transmitida de geração a geração. Por isso a ruptura pressupõe o conhecimento anterior contra o qual ela se insurge, pela introdução de um novo paradigma do conhecimento científico. Sem a física clássica, não seria possível a física relativista. Sem continuidade, nenhuma descontinuidade. Não por outra razão, a ruptura – uma revolução do conhecimento científico – é, também ela e a seu modo, continuidade. Sob esse aspecto, os extremos se tocam: o progresso e a decadência do conhecimento humano expressam diversamente essa continuidade.

Mesmo os que, como Bachelard, privilegiam no conhecimento humano a descontinuidade que as revoluções científicas implicam, em ruptura com os saberes preestabelecidos, deveriam reconhecer o papel da continuidade que a evolução científica expressa, dado que, seres humanos, o somos em cultura. E a cultura expressa necessariamente uma continuidade.

Toda teoria inovadora refuta a teoria que ela pretende, com vantagem teórica, substituir e por sua vez abre-se à refutação e sua substituição por outra que venha a contradizê-la. Como, no entanto, operar uma seleção darwiniana de teorias? Uma teoria supera a outra quando (a) explica tudo o que explicava a teoria antecedente (fala-se nesse caso de uma teoria *conservadora* da teoria vitoriosa) e simultaneamente (b) explica fatos inexplicados pela teoria antecessora: "A revolução científica não rompe com a tradição, porque preserva o sucesso de seus predecessores – é precisamente este vínculo a uma tradição que faz a sua racionalidade" (Renée Bouveresse, *Karl Popper*, p. 77).

Por esses motivos, a revolução científica não importa ruptura absoluta e total com a tradição científica.

No campo jurídico, a consigna de Cossio muito bem o anteviu: "para além de Kelsen sem sair de Kelsen". Nenhum progresso nos estudos normativistas do Direito, sem repensar o que Kelsen pensou. Diante de um pensador, ensinava Heidegger, o ofício do pensar convoca não apenas a retomar o que ele pensou, mas sobretudo a pensar, a partir dele, o que nele restou impensado. E o pensador autêntico se esconde atrás da obra do pensamento.

A tradição é um tabernáculo onde o sagrado se recolhe, em sua secreta intimidade e incomensurável grandeza. As paredes da "nossa" Faculdade de Direito do Recife, como um silêncio povoado de vozes, guardam o eco distante dos ensinamentos dos nossos predecessores, ausentes-presentes: Paula Batista, Gervásio Fioravante, Laurindo Leão, Clóvis Beviláqua, Aníbal Bruno, Luís Delgado, Everardo Luna, Lourival

Vilanova e tantos outros. Os que não sabem escutá-los, atordoados pelo falatório cotidiano (*Das Geredete*, no sentido heideggeriano), são como surdos. A propósito ou mesmo sem propósito: nunca seremos suficientemente gratos ao Prof. Gláucio Veiga por escrever, às suas expensas, uma história das ideias da Faculdade de Direito do Recife. História das ideias que se confunde com o que nela foi pensado. Não se trata pois da biografia de múltiplos personagens.

Pensar, no fundo abissal de onde brota o pensamento, é rememorar: um ato de reconhecimento pelo que de grandioso antes de nós foi pensado. Mas esse reconhecimento não é mero conhecimento que se restaura e renova; sequer apenas uma comemoração pensante. E isso é algo mais. A essência do reconhecimento é o agradecimento. Por isso proclama a velha divisa, que em tudo e por tudo nos concerne: *Denken ist Danken* (pensar é agradecer), onde o pensar e o agradecer se implicam.

Quando o pensamento se volta ao passado, dócil aos apelos e à injunção da tradição e do tradicional, ele é também memória e memorial, depositário de um legado por cuja preservação somos todos responsáveis (*Denken ist Andeken*: pensar é rememorar). Mas esse rememorar permanece à escuta e deve expressar o advento do sagrado ("Que o sagrado seja a minha palavra" – Hölderlin). Toda rememoração é, sob esse aspecto, comemoração. Toda retomada do passado nos convida e convoca para uma ação de graças.

E essa comemoração, no seu zelo, se manifesta como uma guardiã. Enquanto guarda o legado ancestral, ela o salvaguarda: é uma guarda pastoral e o ofício do pastor é manter o seu rebanho a salvo dos predadores e da predação. Todo pensamento retrospectivo é pensamento fiel, como ensinou Heidegger, a quem devemos a inspiração para esses textos.

II – Hostilidade autofágica ao passado

A hostilidade ao passado é um ato de destruição do presente. Do passado, enquanto nos seus desdobramentos até o tempo presente e suas projeções para o futuro, não é lícito dizer-se que passou ou que ainda não passou. Ele simplesmente não passa: "é o que fica do que passou". Enquanto depositário da grandeza dos primeiros passos, ele secretamente nos governa: nada de novo sob o Sol *(nihil novum sub Sole)*. Mas, o presente prepara e antecede todo o futuro. A história das ideias – e pois a história do pensamento jurídico – pode ser representada por uma sucessão de camadas de tradição superpostas umas às outras. A longo prazo será também tradição o que nós – os modernos – pensamos, mas se e somente se digno, esse pensar, de questionamento profundo. Como poderemos esperar reconhecimento das gerações futuras se não formos, nós mesmos, dignos do legado dos nossos antepassados? Esse legado é a terra natal do pensamento. Para nomeá-la, Rilke, o poeta angélico, cunhou a expressão *Heimkraft* (de *Heim*, o lar, a terra natal, e *Kraft*, a força, a energia), poder misterioso que tende a reconduzir os homens e as coisas de volta à origem, o legado materno, a terra matriz, como lembra José Paulo Paes (*Rainer Maria Rilker*, p. 39). Nós falaríamos a propósito de impregnação da origem (Prägung), fenômeno descoberto por Konrad Loranz. E, como dizia outro poeta, jamais perde o seu lugar aquele que habite a proximidade da origem (Hölderlin).

III – Desbastando o caminho: os antecedentes desta obra

Quem se aventurar a ler este trabalho sentir-se-á tomado de espanto. Porque ele guarda uma distância considerável dos meus antecedentes estudos. Nada a estranhar, contudo: todos eles representam apenas clareiras abertas num caminho do pensamento.

Dir-se-á que, à semelhança de Fernando Pessoa, o sumo poeta português, também eu, que – ai de mim! – não sou poeta, tive os meus heterônimos. Só que não ousaram dizer os seus nomes. Não se nomearam pelos seus nomes de batismo: Alberto Caeiro, Álvaro de Campos e Ricardo Reis. Os meus heterônimos são as minhas próprias obras e o seu conteúdo.

A primeira delas chamou-se *Isenções tributárias*, estudo dogmático de direito tributário e por isso mesmo a mais divulgada e de melhor acolhida profissional. Explicável porque o tema não fora até então monograficamente enfrentado na doutrina nacional. Nas edições subsequentes, foi alterado o título desta obra: *Teoria geral da isenção tributária*, sob impacto dos seus acréscimos.

A segunda, o *Lançamento tributário*, recorre a um modelo normativista ortodoxo de nítida e – na medida mesma em que me fora possível – consequente e consistente inspiração kelseniana. É, ao que saiba, o único estudo dedicado à transposição da doutrina kelseniana ao campo do direito tributário. Arnaldo Borges (que por sinal não é meu parente, mas amigo) soube, com o seu peculiar talento, apreender-lhe esse desiderato, numa longa resenha bibliográfica cuja única falha é a generosidade da crítica; a empatia das afinidades de eleição (in *Revista de Direito Tributário* 25-26/348 *usque* 362). Resgato, nesta oportunidade, um débito de reconhecimento público.

Em seguida foi a hora e vez do *Obrigação Tributária*, uma abordagem metodológica e um esforço epistemológico. Essas características põem a descoberto o seu caráter heterodoxo. A obrigação tributária é, aí, mero pretexto para a introdução, no direito pátrio, das categorias epistemológicas que preconiza. Popper é, então, a influência predominante.

Por último – não porém, finalmente – o *Ciência Feliz*, a partir da inusitada consideração de que toda dedicação à ciência é afinal um experimento de felicidade. Nessa obra se manifesta o ecletismo temático de um pensamento surgido ao sabor das circunstâncias emergentes de inspiração e mais liberto de uma autocontenção e de um autopoliciamento congênitos. Moldado e mesclado com testemunhos sobre personalidades destacadas da vida jurídica e mestres da convivência humana. Contempla ainda alguns temas jurídicos fundamentais. Os mundos jurídico e extrajurídico, portanto, como o subtítulo o indica. Nada mais consequente ao *Ciência Feliz* – ao seu ritmo de pensar e aos seus ritos de composição, na urdidura de sua trama – do que este ensaio. Na versão para o espanhol da 3ª edição brasileira, esta obra teve quase duplicado o seu conteúdo.

Os outros livros por mim publicados, independentemente de uma avaliação de seus resultados, se incluem, penso eu, numa ou noutra dessas vertentes principais.

Mas o percurso até então não fora suficiente para a superação do modelo positivista moderno e muito menos da perspectiva sistemática. Superação que não significa renegar o passado recente, apagar-lhe os sulcos deixados nos caminhos, abandonar as trilhas percorridas. Superação que não se confunde sequer com o passo à frente, porque somente é possível com a mirada retrospectiva, o passo atrás – para muito atrás. Essa fase somente foi lograda, ou malograda, a partir de minhas meditações heideggerianas. E quem melhor do que Heidegger acentuou esses ziguezagues do pensamento? “Nós somos ainda entre os caminhos, *inter vias*, entre diferentes caminhos. Não se decidiu ainda o único caminho aceitável, e que como tal seria talvez o caminho” (*Was heisst Denken?*, p. 61). Esse caminho incontornável seria, como no meu *Ciência Feliz* está dito, *o caminho do coração*. Quisera o jurista reconhecer, num ato de humildade, a sua incapacidade para descrever, explicitando-o, esse caminho. E abrir espaço aos poetas que, no dizer de um dos maiores dentre eles, “fundam o que permanece” (Hölderlin). O caminho do coração é a via da ciência feliz. A única que não deve nunca ser abandonada. Seria um ato de infidelidade. Para o jurista, um caminho do coração se manifesta em palavras, no diálogo constante e persistente com as palavras fundamentais do Direito e aqueles que as proferiram.

IV – Um ato de contrição: o retorno à “dialética perennis”

Trata-se pois de simplesmente assumir outra direção na busca de um estilo mais originário de pensar o jurídico. O direito processual não foi, contudo, uma eleição, mas uma consequência. É ele o guardião da dialética, em seu sentido originário, a arte do diálogo, da discussão regrada. Este livro não intenta, portanto, ofertar mais uma teoria geral do processo, nos moldes convencionais e roupagens modernas. Nem busca manipular especializações processuais – processo administrativo, judiciário, tributário, trabalhista etc. Trata-se apenas e tão somente de estudar a dialética no processo *in genere*, porque ela se aplica a todas essas disciplinas processuais. Por outro lado, ao optar por essa temática, transborda-se a abordagem meramente dogmática do processo: a dialética é o método mais próprio da Filosofia. Nesse ponto, este livro segue à risca o conselho de Villey: "Deve-se retornar a acusação feita a Santo Tomás, contra seus opositores, nossos contemporâneos". Eu lhes aconselharia olhar a *trave* que está nos seus olhos. Eles são dóceis escravos da autoridade das doutrinas à moda do dia (e se dispensam de ler outra) da pseudociência *oficial* (*Questions de Saint Thomas d'Aquin sur Droit et la Politique*, p. 64).

Nada fácil o caminho. Também eu, como o apóstolo Paulo, percorri a minha própria estrada de Damasco para que, por um decreto do destino, guiado e iluminado pelo pensamento de Michel Villey (tão estranhamente ignorado pelas filosofias oficiais da moda), pudesse retirar a trave dos meus olhos. Seu estilo de pensar pelas origens é coincidente com Heidegger num ponto decisivo: a origem guarda o que há de mais grandioso. Quem planta carvalhos não deve aspirar abóboras. A origem é como a semente: condiciona todo o desenvolvimento do homem e a caminhada da própria humanidade. O pensar grandioso somente pode começar grandiosamente. Quem planta abóboras não deve aspirar carvalhos. "Não terá que existir já em embrião aquilo que depois deve crescer? Não é verdade que na semente já está contida a árvore toda?" – questiona desafiadoramente Herder (*Ensaio sobre a origem da linguagem*, p. 53). E Villey acentua, em página de rara beleza: "A semente tende à planta e eu não posso surpreender o que é a semente se ignoro o que ela tende a tornar-se. A arte musical, a uma espécie de belo e a arte jurídica ao justo" (*Philosophie du droit*, 1/170). Em missal, gasto pela manipulação piedosa, lê-se: "A flor está sempre na semente".

É plenamente explicável, portanto, a evolução do meu pensamento em sentidos e perspectivas tão diversas: nada tem a ver com retrocesso, falta de convicções ou imaturidade intelectual. E muito menos com infidelidade ao próprio pensamento ou, pior ainda, qualquer forma de desonestidade intelectual.

A mudança de paradigma, ou seja, do modelo teórico (Thomas Kuhn), na ciência como na arte, impõe um novo referencial, uma "legalidade" autônoma. Inconfundíveis entre si, esses modelos paradigmáticos são normativos e condicionantes para o próprio pensamento.

A ciência não pode esgotar o real na sua incomensurável complexidade – fonte da inexatidão das teorias científicas. Daí por que é possível afirmar, contra as pretensões arrogantes do cientificismo moderno: ciência exata, *contradictio in terminis*. Só com manifesta inexatidão a física, a química, a cosmologia, as ciências da natureza pretensiosamente se nomeiam "exatas". O conhecimento humano não reproduz a realidade das coisas na sua riqueza estrutural. Toda ciência opera um corte lógico e epistemológico no real. Daí as especializações nas diversas áreas do conhecimento. Especializações que, aos poucos, se converteram em enclausuramento redutor de campos complexos. Pretende-se, desde Kant, que a ciência constrói o seu objeto. O conhecimento não consiste na apreensão do objeto, mas na sua construção. Essa é a revolução coperniana de Kant. Antes de Corpénico, entendia-se que o Sol girava em volta da Terra; depois dele inverteu-se essa relação na astronomia: a Terra girando em volta do Sol. Assim sendo, era preciso deslocar também o centro do nosso conhecimento. Não é o pensamento que se submete aos objetos, mas, ao contrário, são os objetos que, para serem conhecidos, são submetidos ao pensamento e às leis do pensar (Alfred Fouillée, *Histoire de la philosophie*, p. 306).

Diversamente não ocorre nas artes, particularmente com a arte do Direito, tema do pequeno grande livro de Carnelutti (*Arte del derecho*). A cada província do real, uma arte, um processo adequado de descoberta e invenção da verdade. Mas o privilegiamento da arte do Direito – uma investigação esquecida – não implica negação da ciência jurídica ou da visão sistemática. É, contudo, a superação mais radical do modo de abordagem sistemático, característico da doutrina moderna.

A abertura para a origem de categoriais-chave no Direito, com a desconsideração ou, melhor dito, abstração do apenas moderno, revela em si mesma, essa, sim, surpreendente vitalidade e insuspeita atualidade. Nada mais moderno que o passado naquilo que não passou e segue condicionando o nosso destino. Num processo inadvertido de obscurecimento das origens e do voltar as costas para a tradição e seu legado, o moderno muitas vezes se mostra apenas de mau gosto: "modernoso".

O repúdio da tradição ou, o que é o mesmo, o esquecimento da origem não é um sono dogmático a ser interrompido bruscamente pelo pensamento meditante e rebelde, como se desperta ao toque de alvorada nos quartéis. Ele se manifesta, persistente, por uma letargia inadvertida, que não ousa dizer o seu nome. Governa o pensamento jurídico moderno, sempre que a doutrina se põe a serviço da superficialidade do dito e insensível aos ditados do pensar em profundidade. O repúdio da tradição não é um perigo qualquer – é o maior perigo que ameaça a meditação séria sobre o jurídico. Mas onde está o perigo – é ainda o poeta quem o adverte – está a salvação (Hölderling). Sem embargo, no descaminho da superficialidade, fitamos, espantados, esse perigo, sem saber como evitá-lo, como o coelho fascinado pela serpente (Bertrand Russell).

V – Atualidade do direito romano

Procura-se, então, resgatar, no pouco que é possível ao nosso imenso esforço, o pensamento de Aristóteles, Santo Tomás, o Direito Romano, tão decantado quanto descaracterizado por certos romanistas modernos. A saga dramática do direito romano (quase diríamos a sua infelicidade) constituem-na a maioria dos seus professores atuais. Do modo pervertido de ensiná-lo decorre a frustração de autênticas vocações romanísticas. Assim pervertido o seu ensino, Roma em nada nos concerne. O seu direito será uma velharia, a mais inútil das inutilidades para o pragmatismo profissionalizante que governa as nossas instituições universitárias.

Estudar o direito romano, com ouvido exclusivo para os romanistas modernos e certos professores de nossas faculdades de Direito, como se ele fora um entulho curricular incômodo, é erro metodológico semelhante a estudar Filosofia ignorando os pré-socráticos, Platão, Aristóteles e o seu dizer originário. Um *sistema* de direito romano só existe na pobre imaginação de alguns autores modernos. Este livro procura, com seriedade, demonstrá-lo.

O direito romano não é, contudo, mera "curiosidade arqueológica"; não é um direito "fossilizado". Dele poder-se-ia afirmar: como o latim não é uma língua morta, mas imortal, o direito romano não é um direito morto, mas um direito imortal. Nada mais injusto do que a visão mesquinha atual do direito romano e do papel que ele exerce na história das ideias jurídicas.

VI – Fidelidade à tradição: manifestação mais elevada do autenticamente moderno

Este livro pretende celebrar um culto de ação de graças. Testemunhar a fidelidade à tradição. Venerar aquilo que, no jurídico, é mais venerável: memória e recordação de uma arte, a do Direito, lamentavelmente esquecida. Professa o reconhecimento de que a nossa cultura jurídica é tropical (moderna), mas também coimbrã (tradicional).

Essas ponderações já antecipam resposta à objeção previsível. Aliás, tão previsível quando despropositada e desarrazoada. A de que, neste livro, há pouco – quase nenhum – lugar para autores modernos. Mais que uma objeção, essa será uma constatação de sua simples leitura. Nenhuma referência a Hart, Ross, García Máynez, Kalinowski. Nenhuma manipulação de lógica deôntica. Muito poucas referências a Kelsen. Recordo aqui a admoestação, contra as citações graciosas, do Carnelutti da maturidade: "Importa tirar da cabeça dos jovens o prejuízo de que os livros sejam o seu material experimental. Um dos frutos mais comuns desse prejuízo é a mania de citação, as quais não só tornam pesados os nossos trabalhos senão também os deformam" (*Metodología del Derecho*, p. 54). Todos aqueles doutrinadores – dignos do nosso maior respeito – empreenderam ou retomaram construções doutrinárias tardias, é dizê-las derivadas, ou seja, não originárias. São epígonos da modernidade, e não guardiões da tradição. E o objetivo deste livro é a retomada das origens da lógica dialética, não o seu desenvolvimento mais recente. Essa opção parece, contudo, e a seu modo, mais autenticamente moderna, na sua fidelidade a essa tradição quase perdida.

O questionamento desse abandono da lógica dialética é digno de ser retomado. E mais não almejo. Na oficina do pensamento não há lugar para acomodações bem-comportadas. O silêncio em torno do pensado e dito é intolerável. Pior do que ele, só a aquiescência gratuita, a mútua complacência dos estudiosos (como se o pensar fosse moeda de troca); a louvação convencional e entediante das corporações de elogios mútuos.

A doutrina atual do Direito perde-se (e frequentemente isso ocorre) no burburinho do palavreado oco; na disputa pela mera primazia individualista da autoria de enunciados doutrinários; na sofreguidão da afirmação pessoal; no brilho transformado em objeto de idolatria. Converte o que se diz em letra de fôrma num mero pretexto para o consumo de leitores inexperientes (presas fáceis do aventureirismo intelectual e de ganhos editorais favorecidos pela ignorância). A publicação de livros degrada-se num instrumento de ascensão social de autores inautênticos. O magno preço desses descaminhos é a instauração da própria indigência do pensar. O toque de retirada para o pensar autêntico.

Da temática escolhida pode-se dizer tudo, menos que ela não é aberta à crítica e a tentativas de refutação. O autor sentir-se-á sinceramente grato se elas vierem. E mais ainda recompensado se o esforço de refutação for crucial, atacando esta obra nos seus pontos fundamentais e decisivos.

Este ensaio é o resultado de imenso esforço, empreendido de boa-fé, como recomendava Montaigne, para revelar o que palavras fundamentais do Direito pretendem, elas próprias, significar. Que este livro tenha sido escrito por um advogado, não há o que se estranhar: "O advogado é por excelência o homem da palavra. O abuso que se faz da linguagem não é porventura, de certo modo, uma homenagem prestada à sua sublime função?" (Papa Paulo IV, *Apologia do advogado*).

2

LÓGICA MONOLÓGICA E LÓGICA DIALÉTICA

I – Sobre a determinação normativa do pensamento pela lógica. II – E a lógica deôntica? III – Dialética e retórica. IV – Verdade e falsidade – só?

I – Sobre a determinação normativa do pensamento pela lógica

"Que é isso – a lógica? Como ela consegue decretar o que é possível entender por pensamento?" (Heidegger, *Was heisst Denken?*, p. 99).

"É a lógica que postula explicação e fundamentação de sua própria origem e do direito à sua pretensão de ser interpretação normativa do pensar" (Heidegger, *Einführung in die Metaphysik*, p. 93).

1. A lógica pode ser entendida como a ciência que estuda as leis ideais do pensamento. Assim compreendida, ela é sinteticamente a ciência do pensar. Ao instituir as regras que governam o pensamento, seu conteúdo e formas, a lógica identifica-se com o estatuto do reto pensar. Decide sobre o que é pensamento válido ou inválido, investigando-lhe os princípios gerais.[1]

1. "Assumimos por enquanto o termo lógica num sentido muito compreensivo, que se encontra por exemplo na definição de Keynes: *Logic may be defined as the*

Corresponde o termo "lógica" a uma abreviatura da expressão grega: *logike episteme*: ciência do *logos*, doutrina do pensar. Mas o *logos* – originalmente o pensar – é hoje, pela lógica, identificado indevidamente com o enunciado, a proposição.

2. Essa verdade proposicional responde a um sentido derivado. Expressa a verdade semântica da proposição descritiva e explicativa dos fenômenos. Nenhuma correspondência com a verdade originária, *aletheia* grega, a verdade como desocultamento; desvelamento do originalmente oculto ("A natureza ama ocultar-se", ensinava Heráclito, o pensador matinal). É o primado originário da ocultação sobre o desvelamento (a respeito, nosso *Ciência Feliz*, p. 173 e ss.).

3. A consequência dessa reviravolta em que a sua concepção derivada consiste, repercute na própria essência da verdade. Havida como adequação da proposição com a coisa *(adaequatio intellectus et rei)*, a verdade converte-se em verdade proposicional. Mas essa concepção derivada não explica como pode um enunciado (algo abstrato) adequar-se a uma coisa (algo concreto) – já o denunciara Heidegger, exemplificando com o seguinte enunciado: "Esta moeda é redonda". A enunciação sobre moeda é abstrata; a moeda, em si mesma, concreta (correspondência entre o abstrato e o concreto) ("Von Wesen der Wahreit", in *Wegmarken*, p. 10). Como pode um estado de fato adequar-se à sua imagem abstrata, legalmente desenhada? No plano normativo, Hensel, no entanto, em obra justamente celebrada, já definia a *fattispecie* legal como a imagem abstrata do concreto estado de coisas: "La fattispecie dell'imposta è, per cosi dire, i'imagine astratta del concreto 'stato di cosi'" (*Diritto tributario*, p. 72).

4. A lógica necessita de explicação e fundamentação, sem que de modo algum ela própria as forneça. Explicitação tanto mais exigível quanto mais se considere não ser o pensamento

---

science wich investigates the general principies of valid thought (Formal logic, I)" (Francesco Cavalla, *Della possibilità di fondare la logica giudiziaria sulla struttura dialettica del principio di non contraddizione*, p. 6).

necessariamente referido à proposição, que apenas o formaliza. Pensar, no latim, é *intelligere*, coisa do *intellectus* (cf. Heidegger, *Einführung in die Metaphysik*, p. 93). A verdade derivada não é uma adequação do pensamento com a coisa pensada, mas a conformação da própria proposição, que a pensa, com a coisa pensada. O pensamento é em si mesmo algo subjetivo, enquanto a proposição que o expressa, porque formalizada, responde diversamente a algo objetivo (Heidegger, *Wegmarken*, p. 180).

5. A lógica é uma disciplina científica moderna particular. E essa particularidade já imprime uma restrição ou limitação ao pensar. Esse *découpage* ou seccionamento do pensar recebe a sua expressão mais radicalizada na "logística": "Ela é a mais especial das ciências especiais" (Heidegger, *Was heisst Denken?*, p. 10).

A logística, lógica "moderna" ou "nova", se contrapõe à lógica "clássica" ou "velha". Ela também se nomeia: "álgebra da lógica", "algoritmo lógico", "lógica simbólica", "lógica matemática" etc.

A lógica simbólica converteu-se, para o lógico moderno, praticamente num idioleto, o idioma de uma só pessoa. Deveras: cada autor adota estipulativamente uma simbologia própria e autônoma, embora haja um reduzido núcleo comum de anotações simbólicas. Sem a sua "tradução" é, com efeito, impossível a percepção de símbolos como aspas, colchetes, *P* (possibilidade unilateral), *M* (possibilidade bilateral), *L1* (ordenado), *L2* (proibido), se *P* então *Q* (implicação) e muitas outras, muito mais sofisticadas e mesmo esotéricas.

6. Não é preciso acrescentar nada para nos capacitarmos do artificial dessa lógica e das injunções que ela exercer sobre o pensar. Por intermédio dela não se pensa "alguma coisa", mas, com um artefato tecnológico, que é ela própria, pensa-se "sobre" alguma coisa – algo muito diferente. A lógica moderna é sempre uma instância intermediária entre o pensamento e a coisa pensada. Num pensamento algo obscuro (não de todo porém, dado que se trata de uma escuridão iluminada), Heidegger adverte que, atualmente, a logística toma as dimensões de uma forma de organização planetária de toda representação (*Was heisst Denken?*, p. 102). Nesse sentido, a logística é apenas um fenômeno particular pelo qual se manifesta mais geral: a dominação planetária da técnica. Contra a qual, aliás, nada podemos: "só um Deus poderá salvar-nos" *(Nur noch ein Gott kann uns retten)*, como o misantropo da Floresta Negra advertiu, em famosa entrevista concedida ao seminário *Der Spiegel* e só postumamente publicada.

7. Para bem apreendermos qual o sentido mais remoto e recôndito da dialética, termo derivado de diálogo, é necessário recordar que diálogo é o colóquio, conversação entre duas ou mais pessoas, regida pela sintaxe da linguagem cotidiana, e monólogo o solilóquio, isto é, a fala do indivíduo consigo mesmo. As lógicas modernas, inclusive a lógica deôntica, são lógicas monológicas; lógicas de um só personagem – de um só *locutor*. Mas *logos* não significa originalmente discurso.

A dialética é, também ela, lógica. Aplica-se a objetos ou domínio de objetos que, para seres representáveis, na proposição lógica, postulam um processo diferente de apreensão. A lógica torna-se, então, dialética, e, pois, o próprio pensamento se converte em dialético (Heidegger, *Was heisst Denken?*, p. 101).

Sem embargo, a espontaneidade da dialética contrasta brutalmente como o artificial da lógica deôntica: "Todos os dias fazemos a dialética, como M. Jourdain, sem sabê-lo, em nossas discussões cotidianas..." (Villey, *Leçons de histoire de la philosophie du droit*, p. 164).

A vivência das circunstâncias do cotidiano não prescinde então do diálogo.

II – E a lógica deôntica?

> "A lógica formal abstrata não é criadora; nada cria de si" (Torquato Castro, *Teoria da situação jurídica no direito privado nacional*, p. 18).

8. É uma lógica essencialmente monológica. Nela, a dialética não tem hora, nem vez. À lógica jurídica deôntica correspondem fatores designativos das várias modalidades do dever-ser expresso em normas jurídicas (modais deônticos). Assim, uma conduta é juridicamente autorizada, proibida ou obrigatória, numa lógica trivalente (regra do quarto excluso). Mas o exegeta ou aplicador solitário é quem os opera. Nela não há lugar para o diálogo.[2]

A lógica deôntica é o instrumental mais rebuscado de construção formal de uma lógica jurídica monológica. A formalização é o fenômeno que a governa de uma ponta a outra. Mas será uma questão de tempo venha ela a ser substituída inteiramente pelos computadores? Seria a vitória completa da cibernética e da automação sobre a pureza das origens da ciência jurídica: a arte humana, demasiado humana, de dar a cada um o que é seu. Virá um Deus em nosso socorro?

9. Definir a sentença judicial como um silogismo (*infra*, §§ 12-13) é apenas o estádio inicial desse fenômeno de dominação tecnológica sobre a justiça. A segurança jurídica não se fará de modo algum a serviço da justiça. Será, ela própria, o valor supremo, independentemente dos fins a que sirva a vida da *polis*. Mas a sentença judicial jamais mostrar-se-á redutível a um encadeamento meramente dedutivo, a partir de um

2. Alessandro Giuliani critica abertamente a lógica deôntica: "A lógica deôntica em particular tem firme caráter imperativo da linguagem prescritiva: e mesmo quando reconhece a existência de usos não imperativos na linguagem prescritiva – como faz von Wright – acaba por excluir de uma lógica do dever ser um vasto setor (*advice, council, prayer, request, warning*)" (*La definizione aristotelica della giustizia*, p. 10 – os termos em inglês estão no original, mas traduzimos: "recomendação", "conselho", "súplica", "pedido", "advertência").
Giuliani detém-se particularmente na fenomenologia da prece: "a prece não é verdadeira nem falsa: é um setor no qual o homem grego tem consciência da força criadora da palavra, da possibilidade de fazer com palavras, para usar a expressão de Austin" (ob. cit., p. 28).
E Villey, por seu turno, adverte em sentido análogo: "E sobre as traças" (refere-se aos sulcos deixados no caminho do pensamento de Wittgenstein, nossa é a ressalva) "a escola inglesa de análise da linguagem interessou-se por uma multidão de proposições das quais faz uso cotidianamente a 'linguagem ordinária', proposições emocionais, exclamativas, rogatórias, 'performativas', 'interrogativas'" (*Philosophie du droit*, II/37).

fundamento em texto legal. Serão frustradas todas as tentativas de transformar o juiz em "máquina de dedução". É do ofício do juiz avaliar e ponderar as opiniões em choque, na instância judiciária; conduzir a discussão, repelindo os argumentos *impertinentes*, e sobretudo preservar o mais precioso dos legados processuais: o princípio do contraditório, um outro nome para a administração da justiça.

10. Retome-se a preocupação com a arte do Direito: que nos diz ela sobre o papel do juiz? Ele se exprime no modo *indicativo*: diz o que, na repartição dos bens, cabe a fulano ou sicrano; determina, pela regra da pertinência quais são, *in casu*, os limites da prestação jurisdicional e a pena a ser aplicada numa hipótese litigiosa determinada. Essa indicação não é porém dada apenas no ato jurisdicional. No próprio Código Civil são abundantes os exemplos desse modo indicativo de nomear os direitos e obrigações: "Este Código regula os direitos e obrigações de ordem privada concernentes às pessoas, aos bens e suas relações" (art. 1º); "Todo homem é capaz de direitos e obrigações na ordem civil" (art. 2º); "A personalidade civil do homem começa do nascimento com vida; mas a lei põe a salvo desde a concepção os direitos do nascituro" (art. 4º); "Aos 21 (vinte e um) anos completos acaba a menoridade, ficando habilitado o indivíduo para todos os atos da vida civil" (art. 9º) etc.[3]

---

3. Texto constante do Código Civil de 1916. No Código vigente (de 2002):
"Art. 1º Toda pessoa é capaz de direitos e deveres na ordem civil.
Art. 2º A personalidade civil da pessoa começa com o nascimento com vida; mas a lei põe a salvo, desde a concepção, os direitos do nascituro.
[...] Art. 5º A menoridade cessa aos dezoito anos completos, quando a pessoa fica habilitada à prática de todos os atos da vida civil.
Parágrafo único. Cessará, para os menores, a incapacidade:
I – pela concessão dos pais, ou de um deles na falta do outro, mediante instrumento público, independentemente de homologação judicial, ou por sentença do juiz ouvido o tutor, se o menor tiver dezesseis anos completos;
II – pelo casamento;
III – pelo exercício de emprego público efetivo;
IV – pela colação de grau em curso de ensino superior;
V – pelo estabelecimento civil ou co- mercial, ou pela existência de relação de emprego, desde que, em função deles, o menor com dezesseis anos completos tenha economia própria."

11. A lógica deôntica tem inconvincente explicação para esses textos. Trata-se de normas "incompletas", "fragmentos de normas". Essa explicação está muito aquém das contribuições que a consideração da arte judicial – a ponderação de que o juiz se exprime no modo indicativo – pode ministrar.

Peremptoriamente Villey afirma que a lógica deôntica, inobstante a sua magnificência, não tem o que fazer com o Direito: "O juiz tem por sua função atribuir a cada um o seu: dizer o que é de cada litigante (seja a título de proprietário, seja de credor ou devedor); o que faz no modo indicativo. Prescrever uma conduta nos modos imperativo, interditivo, facultativo ou permissivo (*functores* da lógica deôntica) não diz respeito ao ofício do Direito" (*Rivista Internazionale di Filosofia del Diritto* 50/822).

12. Só a lógica deôntica permitiu a emergência da concepção moderna – e, somente à luz de regras lógicas, pode essa concepção ser explicada – segundo a qual, na interpretação judicial da lei, a sentença assume a estrutura de um silogismo: *premissa maior*, a lei, *premissa menor*, a sentença. A *conclusão*, no ato sentencial da sua aplicação, será resultante da adequação entre a sentença e a lei. Só então a sentença judicial estará logicamente fundada, porque implicará enunciados coerentes com os preceitos legais.

13. A caracterização da sentença como silogismo presta bons serviços à ciência moderna do Direito, visualizado como um saber tecnológico, sem embargo das críticas que eventualmente lhe são opostas, dada a insuficiência da lei para lastrear, como sua premissa maior, a fundamentação dedutiva da sentença.

Para Villey, a lógica deôntica, procedimento dedutivo a partir de regras de conduta, sob aparente e enganosa autonomia, é um procedimento importado da moral. Não é *próprio* da lógica jurídica: "O Direito pressupõe sejam escutadas e confrontadas dialeticamente uma e outra parte no processo. E a solução nasce do choque dos arrazoados contraditórios, não do raciocínio solitário de um sábio no seu gabinete" (*Philosophie du droit*, I/195).

III – Dialética e retórica

14. Em obra de ampla repercussão, Perelman e Olbrechts-Tyteca, no estudo da teoria da argumentação, embora reconheçam que a terminologia de Aristóteles, concernente às provas dialéticas, justificaria a reaproximação com a "dialética", optam pela "retórica". Daí o título de sua obra: *Traité de l'argumentation* – La nouvelle rhétorique. E o fazem com receio de risco de confusão a que conduziria esse retorno a Aristóteles: "Porque, se o termo *dialética* serviu durante séculos para designar a própria lógica, desde Hegel e sob o influxo de doutrinas que nele se inspiram, ela adquiriu um sentido fortemente distanciado de seu sentido primitivo e que é geralmente aceito na terminologia filosófica contemporânea" (ob. cit., p. 6). Por isso, restaurando a retórica, pretendem esses autores "reviver uma tradição gloriosa e secular" (ob. cit., p. 6-7).

15. Não parece, contudo, seja essa uma razão necessária e suficiente para abandonar a dialética ao seu próprio destino. Recuperar o prestígio de uma tradição revestida de peso multissecular, como a da dialética, não será intento menos glorioso. Valendo-se de uma simples *opinião* contrária à restauração terminológica da dialética, esses autores são a seu modo e também eles dialéticos, porque é precisamente no campo da opinião que se move a dialética. Tampouco o mau uso que modernamente se faz da dialética, a partir de Hegel, terá peso decisivo para justificar o seu abandono. Tanto que Perelman e Olbrechts-Tyteca pretendem contrapor-lhe outra razão, havida como mais importante, para a sua preferência terminológica: "O raciocínio dialético é considerado como paralelo ao raciocínio analítico, mas trata do verossímil em lugar de tratar de proposições necessárias" (ob. cit., p. 7). Repudiar a dialética só com base nessa consideração é um preconceito contra o estatuto do oponível. No campo do opinável, onde habita a dialética, é possível aspirar o conhecimento de uma arte rigorosamente controlável, por isso mesmo que submetida a regras, os cânones de diálogo (*supra*, n. 1, item IV). A meta da dialética não é, ao contrário da retórica, persuadir, mas contrapor entre si vários argumentos. A retórica ocupa--se com o estudo das técnicas discursivas, visando à adesão de um auditório às teses que ela própria apresenta.

16. Como pondera Francis Jacques, tradicionalmente a retórica recobre uma teoria da argumentação e da composição do discurso. Ela se ocupa das artes da ilusão e do engano – adianta Platão – estranhas à exigência dialética de um verdadeiro confronto referencial: aparece mais cuidadosa do bem dizer do que do dizer verdadeiro. Qual é a força própria da arte que professa o sofista Protágoras? Fazer do argumento mais fraco o mais forte, diz Aristóteles (*Retórica*, II, 24,1.402 *a* 23). Esta arte visa antes ao verossimilhante que ao verdadeiro (Francis Jacques, *Dialogiques*, p. 221).

É deveras ousado, como ele próprio reconhece, o empreendimento de Francis Jacques: "Penso que é preciso ainda refinar essa distinção (entre argumentação dialógica e a retórica, nossa é a ressalva), operando uma nova distribuição do discurso argumentativo. Proponho ultrapassar uma fronteira, ali onde jamais ninguém viu: distinguir entre uma argumentação retórica, ordenada ao persuasivo e ao movimento em torno do verossimilhante, segundo um projeto unilateral de adquirir a adesão subjetiva do ouvinte, e de outra parte uma argumentação dialógica que ambiciona ir do verossimilhante ao verdadeiro, segundo um empreendimento bilateral que consiste em pesquisar, além da opinião própria, a adesão comum dos interlocutores" (ob. cit., p. 222).

17. "A dialética, lógica da opinião e do provável, intermedeia o *certamente verdadeiro* (raciocínio apodítico) e o *certamente falso* (raciocínio sofistico). No seu âmbito incluem-se os procedimentos não demonstrativos, mas argumentativos, enquanto pressupõe o diálogo, a colaboração das partes numa situação controvertida, como no processo" (Giuliani, *La definizine aristotelica della giustizia*, p. 34). Em cada caso concreto o juiz vela pela relevância dos argumentos contrapostos e pela extensão (demarcação) do problema *sub judice* e a condução judicial do processo é uma atitude dialética, como o é a de uma parte que refuta a outra.

18. Modernamente, a dialética é entendida como *teoria* da controvérsia (Giuliani, *La controversia*, p. 94). É um sentido inconfundível com a sua significação prístina, a da *arte* da controvérsia. Na sua significação primeira, nenhuma teoria, portanto. Teoria é algo ligado à ciência moderna – não à vetusta arte do Direito.[4]

Não sem razão, Heidegger define a ciência moderna como uma teoria do real (*Essais et conférences*, p. 53). Como, no entanto, entende Giuliani essa teoria da controvérsia? Para ele, situa-se a controvérsia no terreno daquela lógica *more juridico*, há séculos representada pela retórica e pela dialética (*La controversia*, p. 97). A controvérsia dialética, inobstante assistemática, não deve ser havida como uma *lógica menor*: "A controvérsia judicial estrutura-se como um *problema dialético*: é predominantemente pesquisa, que considera todas as opiniões autorizadas sobre o argumento. Mas a vinculação aos confrontos de *autorictates* não é servil: elas são submetidas sempre ao crivo crítico da discussão, empregando o mecanismo judicial da pesquisa da verdade" (Giuliani, *La controversia*, p. 165).

19. Retomo o fio do prumo da origem: que nos diz ela sobre a dialética? A resposta, como sempre é Aristóteles que nô-la dá. Nos *Tópicos*, ele começa por distinguir entre (a) o raciocínio *demonstrativo* (*apodítico*), que parte das premissas verdadeiras e primeiras, e (b) o raciocínio *dialético*, que parte de *opiniões* geralmente aceitas (*endoxa*). Os princípios não fundam em nenhuma coisa, do contrário não seriam princípios, mas derivações: quanto aos primeiros princípios da ciência, é portanto descabido buscar-lhe as razões e o porquê além deles mesmos. Opiniões geralmente aceitas são, diversamente, as que todo mundo, ou a maioria das pessoas, admite, ou os filósofos. E dizer: todos, a maioria ou os mais eminentes (*Tópicos*, I, 100 *a* 18 a 100 *b* 18). É este último o campo de eleição das proposições dialéticas.

---

4. "Toda ciência é feita de 'teorias', sua linguagem deve ser submetida a regras comuns" (Michel Villey, *Philosophie du droit*, II/32).

20. Desde as origens da lógica, portanto, o raciocínio apodítico (*demonstrativo*) difere do raciocínio dialético (*endoxa*) a partir da índole das premissas que cada um adota. No apodítico, as premissas, primeiros princípios, são havidas como verdadeiras, posto indemonstradas; no dialético, as premissas opinativas e apenas prováveis. Há, pois, um silogismo em ambas as hipóteses (Aristóteles, *Primeiros Analíticos*). A premissa dialética é adotada num debate apenas para fins de argumentação. A partir da demonstração, por via dedutiva, chega-se às conclusões verdadeiras; a partir da opinião – premissa dialética – não é possível evadir-se da opinião, do verossímil, do possível. Exemplo do raciocínio é, para Aristóteles, o raciocínio matemático.

Nenhuma contraposição, portanto, entre lógica e dialética. O silogismo, núcleo da lógica aristotélica, dá-se também no raciocínio dialético. A distinção entre raciocínio demonstrativo e dialético não decorre das respectivas formas lógicas, mas da matéria, a qualidade das premissas que lhe constituem os pontos de partida (cf. Garcia Amado, *Teorías de la tópica jurídica*, p. 49).

21. A dialética situa-se a meio caminho entre ciência e retórica. Mas, como acentua Villey, a retórica tem como único fim *persuadir* o auditório. Só o consegue, porém, fazendo-lhe concessões ou, em metáfora feliz, "lisonjeando-o". Assim, ela pode abastecer-se dos preconceitos do auditório, confirmando-os. Uma queda em lugares-comuns vulgares (*Philosophie du droit*, II/48-49). Por isso, a interrogação de Villey soa como uma conclusão: "Pode-se entregar o direito aos azares da retórica?" (Ibidem, p. 43). Não se esquecer contudo – e apesar de tudo –, que o berço do direito foi a retórica, hoje havida como a ciência da palavra: "a arte da controvérsia está no coração do método jurídico" (Ibidem, p. 20).

Mas a dialética é o núcleo da lógica jurídica. Deve-se-lhe uma fecunda renovação nos estudos da lógica jurídica, destacando-se as obras de Giuliani sobre a controvérsia, Perelman sobre a arte da argumentação (nova retórica) e Vieweg sobre a tópica. Sem embargo, não escapam esses autores às críticas de Villey: "Reprovamos nesses autores não visualizarem senão o ato do advogado, ao qual é oferecido, com as 'Tópicas', um reservatório de argumentos e, pela 'Nova Retórica', uma técnica da persuasão. Ora, não é o advogado que faz a sentença. E nem mesmo o juiz, para o uso do qual foi também proposta uma arte de 'fundar' a sentença, de justificá-la'" (*Archives de Philosophie du Droit*, 29/4).

Estranha afirmação essa, a de que o juiz não faz sentença. Ela, contudo, significa apenas que a sentença não resulta exclusivamente de um ato isolado do juiz, mas da totalidade do diálogo que as partes entretêm no processo.

O diálogo não pode, então, ser assimilado pela retórica, que acaba por mostrar-se *solipsista*, na sua obstinada busca da persuasão, ao contrário da dialética que, no processo judicial, visa precisamente a "desbloquear o diálogo dos surdos" (Francis Jacques). Essa técnica de argumentação, a retórica, buscando a persuasão, põe-se eventualmente a serviço de fins individualistas e até egoístas. Diversamente, a dialética visa à verdade.

A nova retórica de Perelman consiste apenas numa técnica de persuasão. Por isso ela se destina basicamente a uso dos advogados.

Não basta denunciar as insuficiências da lógica deôntica. Ela é sobre insuficiente, *reducionista*, ao ver no Direito um instrumento de exclusiva aplicação da lógica das normas (monológica). Como uma reação natural à lógica deôntica eclodiram as lógicas da argumentação, como a nova retórica de Perelman. Sem embargo, têm, todas elas, algo em comum: são lógicas do monólogo. A retórica somente se preocupa com o discurso isolado do juiz ou do advogado. Por esse caminho, a justiça se retrai. E a lógica jurídica se torna, ela própria, *tecnológica*.

Sob o ponto de vista retórico, o fim da argumentação foi, porém, superiormente apreendido por Perelman: "O fim de uma argumentação não é deduzir as consequências de certas premissas, mas provocar ou acrescer a adesão de um auditório às teses apresentadas ao seu assentimento" *(L'Empire Rhétorique*, p. 23).

Privilegiando a persuasão, a retórica põe-se a serviço exclusivo dela, relegando o diálogo a um posto secundário. Acaba por ser, também ela, monológica. A lógica do diálogo é relacional: sem pelo menos duas pessoas – locutor e interlocutor –, nenhum diálogo. A retórica é essencialmente monológica: quando considera o discurso do advogado, desconsidera o do juiz, e vice-versa.

IV – Verdade e falsidade – só?

21-A. Recorde-se a sábia advertência de Niels Bohr, o grande físico dinamarquês, reproduzida em tradução livre: há duas espécies de verdade: de um lado estão as proposições simples e tão claras que uma proposição contrária é evidentemente insustentável. De outro, estão as verdades profundas, proposições cujo contrário contém também uma verdade profunda *(Physique Atomique et Connaissance Humaine*, 1961, p. 197). Que belo adágio! Na descrição de mundo se contrapõem dois modelos fundamentais em Física Teórica, a Teoria da Relatividade Restrita e Geral (causal determinista) e a Física Quântica (indeterminista); modelos esses mutualmente incompatíveis, mas reivindicando validade, cada um deles, no seu domínio: o oposto de uma verdade profunda é efetivamente outra verdade profunda. A lógica não consegue explicar essas relações sintáticas entre teorias divergentes – mais que divergentes, antagônicas.

No seu livro *Chorar, Amar, Rir e Compreender* (2012, p. 103), Edgar Morin reproduz um instigante fragmento de René Thom: "Aquilo que limita o verdadeiro não é o falso, é o insignificante". Este breve texto clama pela complexidade do conhecimento: a oposição verdade/erro, tão cara aos dualismos tradicionais, não é, epistemologicamente, exaustiva, mas redutora. Essa concepção convive com outra: o oposto de uma verdade profunda não é um erro, é uma outra verdade profunda. E mais esta se lhe acresce: à verdade opõe-se o erro.

Superando o maniqueísmo verdade/erro, encastelado nos modais atléticos (do grego *alétheia*, verdade), uma verdade pode ser ainda expressiva de um estado de coisas (a) possível, (b) necessário, (c) contingente. A uma asserção possível (p. ex., faz-se a pé o caminho de Santiago de Compostela), interpõe-se uma outra que envolva impossibilidade (p. ex., não é possível ir a pé à Lua). Uma afirmação incomprovada tem como sua interface não, necessariamente, um erro, mas erro ou verdade, a depender de prova. A uma verdade necessária opõe-se não apenas um erro, mas uma impossibilidade conceitual. As proposições disjuntivas (verdadeira ou falsa a proposição, ou, se se prefira, o seu enunciado), correspondem a enunciado indecidido (é verdadeiro ou disjuntivamente falso o nela afirmado, porém nada se adianta a respeito).

Na lógica clássica, supõe-se que, para uma proposição significativa, há duas possibilidades alternativas a considerar: ou é ela correta ou, em contrário, sua negação o será. Nas duas afirmações "nesta casa há uma mesa" e "nesta casa não há uma mesa", só uma delas é verdadeira e a outra falsa. Nesse âmbito vigora o princípio do terceiro excluído: *tertium non datur*, terceira possibilidade inexiste (cf. Werner Heisenberg, *Física e filosofia*, p. 137).

Mas, o princípio do terceiro excluído não fornece, ele próprio, um critério para decidir qual das duas afirmativas é a correta. E pode acontecer que não se disponha desse critério de eleição entre proposições conflitantes, dado o caráter limitado do conhecimento humano. Isso, porém, não afeta a validade do princípio do terceiro excluído.

Sobre as limitações da lógica clássica e sua inaplicabilidade à lógica quântica, veja-se ainda o experimento mental de Heisenberg: cada afirmação que não se identifique com nenhum desses dois enunciados alternativos "o átomo está na metade esquerda da caixa" ou "o átomo está na metade direita da caixa" é complementar a esses enunciados, porque a questão posta pela alternativa não está decidida (*Física e filosofia*, p. 138).

Destaca-se ainda uma outra oposição conceitual: enquanto à verdade lógica (adequação entre o pensamento e a coisa pensada) opõe-se a falsidade, à verdade ontológica opõe-se a negação de toda realidade, o nada (Mário Ferreira dos Santos, *Filosofia concreta*, p. 123).

Todo esse jogo de alternativas evidencia a necessidade, nessa sintaxe interproposicional, de um paradigma complexo, não redutor do conhecimento: "Há mais coisas no mundo de que em toda a nossa filosofia" (Shakespeare). Aí, onde a ciência tradicional redutora vê um dualismo exaustivo (verdade/erro), a realidade sofre mutilação de sua riqueza.

Uma referência ao princípio da contradição, anátema para o pensamento reducionista, que só visualiza como legítima a sua contraface (princípio da não contradição). Mas, a contradição não é erro lógico e, muito menos, uma impossibilidade ontológica. Ela está no estofo do universo, p. ex., a luz, para a física moderna é, semiparadoxalmente, onda e partícula porque essas noções se contradizem, porém não se preexcluem. Elas são complementares. Aquilo que é antagônico não deve, necessariamente, ser havido como preexcludente da alternativa: ou é onda, ou é partícula. Esses aspectos do fenômeno óptico devem ser considerados complementares. Também a contradição, como o erro, cobra do pensamento complexo sua apologia. No plano lógico, é impossível erradicar em definitivo o erro. Assim como é impossível expulsar a contradição no plano ontológico e, pois, reflexamente, no conhecimento humano. Os fenômenos contraditórios desvelam, não raro, uma relação lógica de complementariedade. Em tais condições, não se manifestam pela oposição e contraposição de verdade e erro, mas como verdades profundas em antagonismo e recíproca antinomia que, ao serem reveladas pela ciência, se reconciliam.

O oposto de uma verdade profunda é outra verdade profunda. Deve-se, pois, religar duas ideias em oposição, mas complementares (onda/partícula), juntar o que foi disjunto, havido, indevidamente, como separado.

3

PENSAMENTO SISTEMÁTICO E PENSAMENTO PROBLEMÁTICO

I – Sobre o sistema: o pensamento como representação conceitual. II – Tópica e jurisprudência. III De como o método sistemático se contrapõe ao método problemático ou o retorno ao aprisco: direito tributário.

I – Sobre o sistema: o pensamento como representação conceitual

"A dialética de Hegel é filha do racionalismo. Ela se diz ciência. É manejada (como silogismo científico) por um filósofo solitário que, como um químico no seu gabinete, procura reconstruir o concreto a partir de seus elementos. Ela conduz a um sistema fechado" (Villey, *Rivista Internazionale di Filosofia del Diritto*, 50-4/829).

22. O sistema é um antídoto contra a dúvida e a fragilidade da argumentação: é pensar com segurança. O modo de representação sistemática – a partir dos conceitos que elabora – domina o pensamento jurídico moderno. Não é fácil desvencilhar-se dele, de tal sorte o pensar sistemático impera.

Mas conceito e sistema são categorias epistemológicas desconhecidas do pensamento greco-romano. Trata-se de categorias modernas. Mesmo quando se adverte que o estilo do pensar de Kiekegaard e Nietzsche se afirma contra o sistema, ele, por isso mesmo, permanece prisioneiro da tirania do sistema (cf. Heidegger, *Was heisst Denken?*, p. 129). O modo de representação sistemática é, por excelência, modo de representação conceitual.

23. A dialética, como adverte Villey, não se acaba jamais em sistema: "Ela não é senão uma arte, um processo, reunião de regras de jogo do diálogo, honestamente conduzido: a obrigação de escutar cada uma das partes, arte do debate judiciário, regras estabelecidas para afastar da discussão os meios violentos, os sofismas, ou os argumentos irrelevantes, ou para medir o valor das autoridades invocadas. E sem dúvida também catálogo de meios argumentativos, lugares-comuns, *topoi*: princípios gerais, precedentes, regras construídas sobre a experiência de casos análogos, aí compreendidas as leis positivas" (*Rivista Internazionale di Filosofia del Diritto* 50-4/830). Dificilmente poder-se-ia encontrar melhor exposição sobre o inacabamento fundamental do método dialético. Os tópicos (*topoi*), nela mencionados, serão porém objeto de exposição no item seguinte.

24. Nesse ponto, impõe-se acolher as lições de Torquato Castro, para quem o pensamento jurídico não é sistemático, mas dialético e circunstancial, ponderando, em acréscimo:

"Essencial é, porém, não perder de vista que o sistema não é tudo em direito. Não se pode formalizar inteiramente a lógica da matéria de que se compõe a solução do direito" (*Teoria da situação jurídica no direito privado nacional*, p. 7).

Em que consiste o ser problemático e o ser circunstancial do Direito? Torquato nô-lo responde e esclarece: "A adequação jurídica depende de problemas da vida de coexistência social, que surgem, ou que se preveem. Ela não é só *problemática*, no sentido que nasce do problema, mas, também *circunstancial*, na razão de que toda solução jurídica é estritamente dependente da conjunção de circunstâncias em face dos quais foi editada" (*Teoria da situação jurídica no direito privado nacional*, p. 1 – os grifos são dele).

25. A idolatria do sistema, característica do pensamento jurídico moderno, explica em grande parte o seu descaminho atual. Sistema é expressão elipticamente correspondente a uma fórmula de ocultação do que lhe *subjaz*: o método sistemático com as injunções, limites e circunscrições que todo método impõe ao pensamento.

Para o sistema, só as conexões ideais entre as suas partes, a consistência interna das proposições que ele formula, realmente importam. Não por outro motivo, a lógica deôntica lhe presta relevantes serviços.

É assim que, em oposição e contraposição ao sistema, também o problema será abordado em seguida.

II – Tópica e jurisprudência

26. Insiste Torquato Castro em denunciar – com a indignação de um profeta – que o direito não é *a priori* da razão humana, um imperativo categórico independente dos fatos, isto é, do problema. Com razão, adverte que o justo universal abstrato só existe como ente de razão. O Direito só é apreensível pela tópica dos fatos existenciais através da jurisprudência: "O direito, sendo solução existencial, vale-se da razão que não é formal, e, sim, tópica enquanto se envolve com o problema. Vale-se de uma lógica de *conteúdos* existenciais – fatos humanos, ações externas e bens da vida – dita lógica *tópica* (Aristóteles) ou lógica da argumentação (Perelman)" (*Teoria da situação jurídica no direito privado nacional*, p. 4 – os destaques são desse autor).

Pois bem: o método de elaboração jurídica dos romanos é tópico, e não sistemático. É essa arte venerável que está em nossas origens: a ciência do direito é invenção de Roma clássica. E essa verdade originária condiciona o nosso pensamento, ocidental e moderno.

27. Dialética é fundamentalmente arte e não sistema. Arte de raciocinar a partir de pontos de vista (*topoi*) aceitos pela generalidade dos estudiosos – ou, quando menos, os mais eminentes deles.

É ainda Torquato quem, ancorado no direito romano, nos reforça a argumentação: "Se procurarmos um sistema lógico-dedutivo para as soluções jurídicas romanas, não encontraremos *nenhum* que haja sido elaborado por qualquer dos jurisconsultos romanos. O *sistema* do direito romano é, afinal, uma invenção dos nossos tempos, como o acentuou Schulz (*History of the Roman Legal Science*, Oxford, Ed. Claredon, 1953)" (*Teoria da situação jurídica no direito privado nacional*, p. 12).

28. As *Tópicas* aristotélicas tratam dos lugares-comuns (*topoi*) retóricos, como instrumento da dialética. Por exemplo, os lugares do "preferível": "É preferível o dinheiro à ciência? Os especialistas superam, isto é, são preferíveis aos homens de ação?" (cf. *Villey, Questions de Saint Thomas d'Aquin sur le droit et la politique*, p. 47 e 50).

Na origem era portanto Aristóteles: "Falamos de *topoi* para fazer referência a conclusões dialéticas e retóricas. *Topoi* são (...) pontos de vista utilizáveis e aceitos universalmente, empregados a favor e contra o oponível e que parecem conduzir à verdade" (*Arte retórica e arte poética*). Aristóteles empregou por primeiro o termo *topoi* (tópicos) ou lugares, nos *Tópicos*, parte final do Livro 1, 18, 5.[5]

5. "Parece-me provável que o primeiro sentido – etimológico – de *topos* – em latim, *locus* – era designar o *lugar* ou antes os diversos lugares, sucessivamente colocados, para ver-se a coisa que se disputa. De que se trata? É preciso circunscrever a coisa. O fim *coletivo* da operação é confrontar, sobre o mesmo objeto, pontos de vista divergentes uns dos outros, autores, os mais qualificados, a fim de elevar-se coletivamente a uma intuição superior" (Villey, *Archives de Philosophie du Droit*, 27/267).

Esses pontos de vista (opiniões), a tópica os subministra. O *topos* é, modernamente o "lugar-comum", terminologia desgastada pelo uso comum e trato superficial. O lugar-comum não é, porém, a morada da superficialidade, porque o é simplesmente da divergência de opiniões que se deseja sejam profundas. É o advento e reconhecimento das virtudes da tópica jurídica, objeto da obra fundamentalista de Vieweg (*Topik und jurisprudenz*) sobre a qual volveremos, mais de uma vez, neste trabalho.

A retórica dialética é, em Aristóteles, arte e técnica. Seu campo não corresponde ao da ciência (*scientia*) não ao da epistemologia (*episteme*) modernas. Mas ciência e técnica, sob certos aspectos, se identificam e coimplicam. A ciência moderna é uma tecnociência, instrumento de dominação planetária.

29. Natural que, sendo esses tópicos lugares-comuns para o questionamento dialético, sejam elaborados catálogos deles ou, quando se prefira metáfora "bélica", arsenal de "lugares", *loci* (Cícero), a serviço do pensamento problemático.

No seu conjunto, formam como um "armazém de tópicos", um catálogo de argumentos opinativos; um repertório de pontos de partida, "lugares" da argumentação problemática. Arsenal de opiniões, eles não estão entre si implicados ou coimplicados por nenhuma conexão lógico-dedutiva.

São exemplos, entre numerosíssimos outros: *ex facto oritur jus* (o direito nasce do fato); *summum jus, summa injuria* (sumo direito, suma injustiça); *plus cautionis in re est, quam in persona* (as garantias pessoais são mais fortes que as reais – diríamos nós); *quod initium vitiosum est non potest tractu tempore convalescere* (o inicialmente maculado não pode ser suprido pelo decurso do tempo); *nemo plus juris ad alium transfere potest quam ipse haberet* (ninguém pode transferir a outrem mais direitos que os por si próprios possuídos) etc.

30. Originária da retórica, a tópica é uma técnica: a técnica do pensamento a partir de problemas, ou, mais sistematicamente ainda, a técnica do pensamento problemático.

Nada que se assemelhe a um axioma: as premissas dialéticas classificam-se, à vista do problema, como "relevantes ou irrelevantes", "admissíveis ou inadmissíveis", "aceitáveis ou inaceitáveis", "defensáveis ou indefensáveis", comportando, inclusive, graus intermediários de aceitação: "apenas defensável", "contudo defensável" (Vieweg, *Topik und jurisprudenz*, p. 42-43). Numa discussão dialética esses tópicos podem ser utilizados como argumentos "pró" e "contra": o processo moderno espelha admiravelmente essas possibilidades de uso da argumentação dialética.

31. Na visão sistemática, o processo de invenção ou descoberta da verdade jurídica (*Rechtsfindung/Rechtsgewinnung*) é condicionado pela dedução, a partir de axiomas ou hipóteses científicas: "O sistema assume a direção e decide por si só sobre o sentido de cada questão. Suas proposições são inteiramente lógicas e estruturalmente demonstráveis, isto é, 'verdadeiras' ou 'falsas' no sentido de uma lógica bivalente. Qualificativos como 'defensável', 'indefensável', 'apenas defensável', 'contudo defensável' nela carecem completamente de sentido" (Vieweg, *Topik und jurisprudenz*, p. 44).

O estilo de Santo Tomás nos oferece um modelo incomparável de exposição tópica, isto é, argumentação problemática:

(1) *utrum...* (fixação do problema);

(2) *videtur quod...* (pontos de vista próximos);

(3) *sed contra...* (pontos de vista contrários);

(4) *respondeo dicendum...* (solução); solução objetável, todavia (cf. Vieweg, *Topik und jurisprudenz*, p. 70).

32. Em vez de "lugar", Peter Degadt faz a opção terminológica por "tópico", porque esse termo alude mais limpidamente ao sentido clássico e designa também um método, o pensamento tópico (*das topiche Denken*). "Lugar", por outro lado, é associado à sua significação contemporânea como "lugar-comum" (*Gemeinplatz*) (*Littératures contemporaines sur la "topique juridique"*, p. 8, nota 8, nota 16).

Acrescentamos: no sentido moderno, lugar-comum é termo pejorativo, ou quase – indica uma verdade trivial e epidérmica: "Essa afirmação não passa de um lugar-comum", diz-se no cotidiano. Como isso, a afirmação é equiparada a uma trivialidade. Esse sentimento pejorativo é geralmente usado como se o conhecimento geral invalidasse, só por isso, o enunciado. Não há, contudo, razão para isso: o lugar-comum será o que for a cultura de um povo em cujo seio ele brota anonimamente das profundezas da vida social. [6]

33. A tópica insere-se no domínio da dialética: arte das premissas opinativas. Trata-se de *ars inveniendi*, a arte da invenção (descoberta) das premissas, e não da *ars judicandi* (arte do juízo), na distinção ciceroniana, tratada pelos estoicos sob a denominação: dialética.

Tanto a dialética como a retórica (arte da persuasão) se situam fora do campo da ciência *stricto sensu*. Quando muito, o silogismo dialético é "silogismo a partir do provável". Sem a discussão crítica, nenhuma dialética contudo.

Com a tópica, ingressamos no território do pensamento problemático.

Mas, também aqui, é necessário um confronto entre o pensamento problemático e o pensamento sistemático.

---

6. "Jean Paulhan mostra que o clichê em si mesmo não merece todas as críticas que lhe são dirigidas. O clichê pode ser necessário e se revelar como termo indispensável. Pode também introduzir um pensamento profundo. Pode ser psicologicamente reinventado. Chave enferrujada que abre um domínio feérico. Às vezes o *lugar-comum* é o centro de convergência onde vem se formar em sentido novo" (Bachelard, *O direito de sonhar*, p. 149.)
Os filósofos nomeiam o lugar-comum como uma beleza estilística e profundidade de pensamento que os juristas geralmente não atingem.

III – De como o método sistemático se contrapõe ao método problemático ou o retorno ao aprisco: direito tributário

34. O sistema é um seletor de problemas. Se o problema não encontra solução no marco de um sistema (a), este tende a considerá-lo pura e simplesmente falso problema e subsequentemente descartá-lo (b). Mas o problema é um seletor de sistemas. Se ele não resolve num determinado sistema (c), procura-se a solução noutro sistema (d).

Assim enunciada, na sua generalidade e abstração, a distinção entre problema e sistema retrai-se nas brumas da obscuridade. Recolhe-se no absconso do ainda-não-compreendido. Quase ininteligível. Obscuridade instigante e incontornável, embora decorrente da ausência de uma explicitação satisfatória dessa distinção, ou seja, de uma clarificação necessária e suficiente.

Mas essa explicitação não será lograda num desdobramento expositivo a partir de inferências hipotético-dedutivas, senão de força iluminadora do exemplo. Trata-se de uma busca – quase diria: desesperada – de clareza e simplicidade na exposição, categorias metodológicas fundamentais. É um equívoco confundir simplicidade com superficialidade. E buscar no rebuscamento estilístico fórmulas esotéricas de pensar, só acessíveis a raros e privilegiados iniciados. Mas, a simplicidade deve ser buscada no âmbito da complexidade problemática.

35. Estipulativamente, isto é, pela adoção de uma perspectiva de abordagem do jurídico, entre muitas outras, operada por um corte epistemológico, a teoria jurídica pode inclinar-se exclusivamente sobre o ordenamento jurídico. É a perspectiva sistemática favorita, se não exclusiva, do positivismo jurídico-metodológico. E o ordenamento jurídico pode ser visualizado, então, sob um ângulo sistemático-estruturalista. Trata-se de descrever e explicar a estrutura "interna" de um complexo de normas jurídico-positivas.

Sob esse aspecto, a isenção tributária pode ser explicada pela consideração da incapacidade contributiva do isento.

O imposto territorial rural não incide sobre as pequenas glebas rurais, definidas em lei, quando as explore, só ou com sua família, o proprietário que não possua outro imóvel (CF, art. 153, inciso VI e § 4º, inciso II). No estilo dualista de pensar moderno, a doutrina do direito tributário qualifica isenções como essa, ditadas todas pela incapacidade contributiva, como *fiscais* e lhes contrapõe as isenções que nomeia *extrafiscais*, concedidas a quem tem capacidade contributiva – como certos empreendimentos industriais ou agrícolas de porte – mas destinado, esse incentivo, a "promover o equilíbrio do desenvolvimento socioeconômico entre as diferentes regiões do País" (CF, art. 151, inciso I, *in fine*).

Seria, no entanto, o incentivo em que a isenção extrafiscal consiste uma categoria *sui generis*, autônoma diante da isenção estritamente fiscal? Abrir parêntesis: quando os juristas qualificam como *sui generis* um instituto é porque, a rigor, não conseguem explicá-lo. Não há fórmula mais expressiva para manifestar desconhecimento. Esse pretenso atributo é uma válvula de escape para o impasse ou malogro teórico. Toda categoria juridicamente autárquica é, por isso, *sui generis*. Fechar parêntesis.

36. Pois bem: a isenção extrafiscal sempre foi confrontada com a isenção fiscal sob prisma sistemático-estruturalista. E a comparação entre elas – que evidencia? Resposta: a sua identidade de regime jurídico. Ambas são categorias relacionais, isto é, instituem relação jurídica, têm sujeito ativo (o isento) e passivo (o Estado); estabelecem direitos e deveres, tanto para o Estado quanto para o isento; podem ser condicionadas, ou não, a prazo certo ou indeterminado; estão sob reserva de lei tributária material, com exclusão, portanto, de atos infralegais, como decretos e regulamentos etc. Conclui-se, então: a isenção extrafiscal não tem autonomia de regime jurídico diante da isenção fiscal. Autonomizar o seu estudo constituiria intento previamente destinado a malogro teórico. Mas a doutrina não se apercebe de que essa conclusão só vale numa visão estruturalista. Meia verdade, portanto. E não uma verdade inteira.

37. Como o sistema, já o vimos, é um seletor de problemas (reducionismo) e não tendo o problema teórico da isenção extrafiscal solução no marco de um sistema estruturalista, o problema de sua caracterização nada mais seria que um falso ou pseudoproblema (solução cômoda, mas tranquilizadora para a consciência científica dos seus adeptos). Pura inutilidade o seu estudo autárquico. Perda de tempo para o jurista. Que não tem como dedicar-se a problemas "aparentes", nesse sentido pejorativo, atrelados ao que parece ser e não é. Todavia, aparência não é, num sentido insigne, apenas o aspecto, mas exterioridade, aparição, mostra, representação (cf. Gastão Cruls, *Aparência do Rio de Janeiro*, t. I/XCIII). Como se mostra e aparece, então, a isenção extrafiscal, sob outra e diversa abordagem? Outro caminho de pensamento, que conduza o estruturalismo de uma escuridão sem luzes a uma clareira iluminada? E lhe possibilite superar os obstáculos do caminho?

38. A questão diversifica-se enormemente se encaradas as isenções extrafiscais sob perspectiva funcionalista: que função elas, pelo ordenamento jurídico, estão convocadas a exercer? O fim que elas buscam não é o mesmo das isenções fiscais, as respectivas causas jurídicas tampouco se confundem. Será, então, um problema legítimo, identificado pela teleologia da isenção extrafiscal. Nunca um problema a ser expulso da investigação como impertinente, isto é, violador da regra da *pertinência* da questão suscitada (*ponere causam*). Mas pertinência a quê? Não ao sistema, que se obstina em recusá-lo como legítimo: será, ao contrário, inteiramente pertinente o questionamento funcional da isenção extrafiscal; havida como um produto da função *promocional* do Direito. Ele porá em manifesto a sua idoneidade para tratamento teórico aprofundado. Sua suscetibilidade a uma pesquisa jurídica consistente. Nada justifica esse abandono dos fins no Direito, e, pois, o desprestígio da finalidade exercida pelas normas tributárias, particularmente as isenções.

39. Uma isenção a indústrias novas que se instalem em microrregiões do País, particularmente as subdesenvolvidas da região Norte-Nordeste, não será fundada na incapacidade contributiva das empresas beneficiadas. Recairá, ao contrário, sobre quem detém capacidade contributiva. E, sem embargo, não acudiria ao aceno do Estado para sua instalação numa região tão desfavorável não houvera o incentivo fiscal: por exemplo, a isenção do imposto sobre a renda por dez anos para indústrias novas e de produtos sem similar no Nordeste. A utilização da isenção extrafiscal como exemplo de função promocional do direito é surpreendentemente colhida em Norberto Bobbio (*Dalla struttura alla funzione*, p. 29-36), mas em mim é um caso típico de uso de cachimbo que faz a boca torta...

40. Nos termos da Constituição Federal, art. 151, inciso I, (a) é vedado à União instituir tributo não uniforme em todo o território nacional ou que implique distinção ou preferência em relação a Estado, Distrito Federal ou Município em detrimento de outro, (b) admitida a concessão de incentivos fiscais destinados a promover o equilíbrio do desenvolvimento socioeconômico entre as diferentes regiões do País.

Esse dispositivo contempla, numa só formulação literal, duas regras: a primeira, uma proibição: a desuniformidade tributária no território nacional; a segunda, uma autorização, posto excepcional: a de incentivos fiscais destinados a promover o equilíbrio do desenvolvimento socioeconômico inter-regional. "Promover" é a dicção do texto constitucional. Trata-se da função promocional do direito tributário. Mas essa função pode efetivar-se tanto por meios repressivos, desestimulando a lei os empreendimentos que se recusassem a operar em condições regionais menos favorecias (p. ex., imposto de renda mais gravoso), quanto por meios de estímulo ou "encorajamento" (p. ex., redução ou isenção do imposto de renda às indústrias novas do Nordeste). Aqui, à via repressiva se opõe a via promocional (o incentivo fiscal). A sanção negativa (pena) se interpõe e opõe a sanção positiva ("premial"). A sanção positiva, como acentua Bobbio, corresponde a uma técnica de encorajamento que atua pela promoção dos comportamentos legalmente disciplinados – e não pelos comportamentos reprimidos (ob. cit., p. 29). A função promocional do Direito implica portanto os incentivos fiscais, e, dentre esses, as isenções. Nada indigno de um jurista digno desse nome. Nada, porém, que encontre solução num sistema estruturalista.

41. A isonomia, nessas isenções extrafiscais, manifesta-se nas relações entre a União e todos os empreendimentos industriais isentos, pois devem sê-lo nas mesmas condições. Essas isenções acabam por gerar empregos diretos e indiretos, reverenciando a isonomia por uma via inapercebida: a de erradicação da pobreza (CF, art. 3º, inciso III). Mesmo que, embora sem razão, se sustente o aniquilamento da isonomia em tais hipóteses o fundamento dessa supressão seria um limite constitucionalmente posto à isonomia (o art. 151, inciso I). Mas o que importa assinalar é a aptidão dos incentivos fiscais para abordagem funcionalista.

42. Em conclusão: se um sistema estruturalista não o resolve, esse problema bem pode ser equacionado noutro sistema, o funcionalista. O sistema estruturalista não socorre a compreensão desse incentivo fiscal em nada. Porém, ele não perde sua dignidade problemática em consequência dessa inadequação congênita do sistema estruturalista para resolvê-lo. Pela dualidade retorna-se, então, à unidade: uma visão "holística" (totalizadora) da isenção abrangerá tanto as isenções fiscais quanto as extrafiscais. E não seria desprovido de interesse pesquisar se e até quando esses dualismos (isenção fiscal/extrafiscal) acabam por distanciar o estudioso de uma caracterização mais aproximada da verdade jurídica. Mas este já um problema que transcende os fins deste estudo. Circunscreva-se, pois, a análise à demonstração desses descaminhos do pensamento sistemático e sua incapacidade – e ilegitimidade – para monopolizar a cientificidade da ciência do Direito.

Este longo parêntesis em que, a rigor, consiste no exemplo das isenções extrafiscais é, contudo, necessário para esclarecer o pensamento do autor. Nada substitui, em comunicação do pensamento, o exemplo.

4
DIALÉTICA: ARTE DO DIÁLOGO

I – Dialética: fundação etimológica. II – Dialética: sentidos originário e derivado. III – Dialética – uma arte perdida para o direito? IV – O método dialético.

I – Dialética: fundação etimológica

43. "Diálogo", etimologicamente a fala entre duas pessoas ou, mais amplamente, a conversação entre várias pessoas, provém do latim *dialogus*, que, por sua vez, se origina do grego *dialogos* (cf. Antônio Geraldo da Cunha, *Dicionário etimológico da língua portuguesa*). O grego *dialogos* deriva de *dia* – com – e *logô* – falo – e originou o latim *dialogu(m)*, conversa entre várias pessoas (Joaquim Ferreira, *Novo dicionário etimológico da língua portuguesa*). A etimologia da palavra "dialética" é portanto expressiva. Não o solilóquio do pensador debruçado sobre e preocupado com o seu próprio sistema. Dialética é estilo de pensar múltiplo.

Diálogo não é necessariamente o lugar da concórdia. A sua própria etimologia sinaliza para esse entendimento: *dia* significa "entre" ou "contra", e não "a dois" (Garret Barden, *Archives de Philosophie du Droit*, t. 29/95). Nas suas origens, a dialética envolve a ideia de discussão, isto é, contraposição de opiniões (*endoxa*); ideia que já continha na dialética platônica.

44. Diálogo originou no vernáculo o vocábulo "dialética", havida primitivamente como a arte do diálogo e da discussão. Nada que tenha a ver com o seu sentido moderno, idealista ou historicista (*infra*, §§ 49 e ss.).

Deve-se a Aristóteles a distinção entre a *analítica*, que tem por objeto a demonstração dedutiva a partir de proposições verdadeiras, e a *dialética*, também ela dedutiva, mas, diversamente da analítica, dedução não a partir de premissas verdadeiras, senão de opiniões (as denominadas "premissas dialéticas"). Estamos, aqui, no domínio do apenas provável.

A dialética é o estatuto da argumentação no sentido originário e que, por isso mesmo, remonta as priscas eras, a arte do diálogo e, consequentemente, da disputa e do debate (cf. Jaime M. Puirgarnau, *Lógica para juristas*: "Dialética é o procedimento por diálogos, por isso dizia Platão no *Crátilo*: 'A quem sabe perguntar e responder, como haveríamos de nomeá-lo senão dialético?'" – p. 146-165). A dialética pode assumir o caráter de discussão e controvérsia, implicando então a troca de argumentos – uma justa intelectual – entre os adversários.

45. A dialética, arte da discussão regrada, era, na antiguidade clássica, o método filosófico por excelência. Não ciência, mas arte, portanto. Desgraçadamente, porém, essa arte entrou em decadência, até a sua caracterização idealista e historicista moderna (tese, antítese, síntese), acabando por recair em esquecimento. Nada obstante, ela é apta a prestar à Filosofia moderna bons serviços. Porque baldados foram todos os esforços, a partir de Husserl, para converter a Filosofia, via método fenomenológico, numa ciência rigorosa.

Heidegger já se aparta de Husserl, que o considerava a grande promessa da fenomenologia ("A fenomenologia somos eu e Heidegger" – disse Husserl, certa vez), ao converter a Filosofia numa investigação extraordinária de coisas extraordinárias. Instaura Heidegger o diálogo do filósofo (ou, mais propriamente, do pensador) com os poetas (Rilke, Trakl, Stefan George, René Char, Hölderlin). Comemoração pensante incompatível com o solilóquio do pensador consigo mesmo: o monólogo e o silêncio.

46. Não há dialética sem discussão: a premissa dialética é, pois, adotada por alguém que discute a sua escolha. Uma ou umas entre muitas outras premissas. Mas a sua inegável plurivocidade (espelhada limpidamente pela contraposição entre os sentidos antigo e moderno do termo) esconde a fulguração de suas origens mais veneráveis (Platão e Aristóteles). Nada a estranhar contudo. Todas as coisas podem ser ditas de múltiplas maneiras, *multipliciter dicitur*, como ensinava Santo Tomás, na esteira de Aristóteles. Por isso, a controvérsia dialética não prescinde, geralmente, da elucidação do uso estipulativo dos termos em disputa nela envolvidos.

47. A lógica dialética, é, por excelência, a lógica *more juridico* (estilo jurídico), em contraposição à lógica monológica, *more geometrico* (estilo geométrico); estilo tomado modernamente de empréstimo às ciências naturais. A arte do Direito – cuja depositária maior é a dialética – permanece, às custas da monológica, esquecida nas profundezas do obscurecimento e do desdém pelas origens, que desgraçadamente timbram o pensamento moderno. Na verdade, apenas em intenção moderno. O autenticamente moderno não é ruptura total com o passado. É, mesmo na ruptura, a sua continuidade. Pretencioso e arrogante esse desprezo da tradição, que deveria ser cultuada como num tabernáculo.

48. No processo darwiniano de seleção das teorias científicas, sobrevive aquela de maior e mais abrangente conteúdo de explicação e simultaneamente revestida de menor margem de erro (Popper). Mas a teoria substituída, como a física clássica, newtoniana, não estará de todo errada, nem há garantia alguma (antes, é provável assim não suceda) de que a teoria substituta, como a física relativista, seja inteiramente verdadeira. É de se supor que erro seu será mais cedo ou mais tarde identificado. Contingência da inevitável imperfeição de todo saber humano. O modernismo, iconoclasta enquanto descomprometido com o passado, é um processo de alienação intelectual. Os movimentos modernos, que se arregimentam ideologicamente em torno do jurídico, num maniqueísmo intolerável, não passam de tristes sucedâneos da sagrada convocação do pensar pela suas origens. A esses idólatras do bezerro de ouro da modernidade superficial cabe como luva o frontal ataque heideggeriano: "a ciência não pensa" (*Was heisst Denken?*, p. 4: *Die Wissenschaft denkt nicht*). O impacto da afirmação é, contudo, posteriormente apenas atenuado: "A ciência não pensa no sentido do pensamento dos pensadores" (ob. cit., p. 154: *Die Wissenschaft denkt nicht in Sinne des Denkers der Denker*). A crítica, porém, permanece de pé.

II – Dialética: sentidos originário e derivado

49. Dialética é termo caracterizada e reconhecidamente equívoco. O seu sentido originário, o mais recôndito, arte do diálogo, nada tem a ver com sua acepção derivada, a de Hegel (vertente idealista) e Marx (vertente realista). As teorias dialéticas modernas só na superficialidade se opõem e contrapõem (idealismo/realismo), porque se conciliam na aceitação mútua do movimento dialético: tese, antítese, síntese. A sua emergência, na história das ideias, contribuiu decisivamente para o esquecimento radical da dialética, como originariamente concebida (*supra*, § 45).

50. Um bom exemplo da utilização do método dialético, na sua acepção moderna – e pois derivada – nos dá artigo de Popper, "Que é a dialética?", incluído no seu livro *Conjecturas e refutações*, p. 343 e ss. Aí é retomada a teoria hegeliana de que o pensamento se desenvolve segundo uma *tríade dialética*: tese, antítese, síntese. Primeiro a ideia ou teoria (tese); depois, a ideia ou teoria contrária, apontando-lhe os pontos fracos (antítese), e, finalmente, a eclosão da solução (síntese), que supera tese e antítese (Ibidem, p. 344).

Para nos capacitarmos, entretanto, da enorme distância que separa, na dialética, o seu sentido originário da sua significação derivada, basta atentar a que, enquanto o olhar para a origem é *retrospectivo*, a visão da dialética hegeliana é, ao contrário, *prospectiva*. O primeiro dá o passo atrás; a segunda, o passo além dos seus predecessores, o passo à frente. Só do primeiro poder-se-ia afirmar ser um pensamento *fiel*. A tônica da segunda é, até certo ponto, a insubmissão com que opera a superação dialética: "O raciocínio é dialético no sentido novo que reveste esse termo; o pensamento não cessa de transformar-se, de contradizer-se por superações sucessivas de um ponto de vista por outro contrário (*Aufhebungen*)" (Villey, *Philosophie du droit*, I/158).

51. Marx retomou a tríade dialética, desprezando, contudo, o idealismo hegeliano. A de Marx é uma concepção historicista. Dialética é, para ele, a marcha da história, guiada pelas leis da economia. Cada época histórica, sob o império da economia, gera os próprios elementos de sua dissolução e queda: a economia escravocrata gerou o feudalismo, que a destruiu; o feudalismo originou a burguesia, que o aniquilou; a burguesia engendrou o proletariado, que a eliminará, pela luta de classes (v. Michele Federico Sciacca, *Historia de la filosofia*, p. 404-405). Esta última não é uma predição científica, mas uma profecia – extracientífica, portanto. Deveras: que antítese gerará o proletariado? A resposta, segundo Marx, é: nenhuma! Como se vê, o marxismo, sob a aparência de reverenciar a dinâmica social, no fundo a estanca. Não é nova a afirmação de que o marxismo (realista e objetivista) é um hegelianismo (idealismo) de cabeça para baixo: o marxismo consiste numa inversão da dialética de Hegel.

52. Porém uma das características mais instigantes da lógica dialética moderna é a admissibilidade de contradições. Kelsen, com a sua habitual clareza e concisão, o explica, num trecho cuja transcrição é longa, mas necessária: "Contudo, o fato de que uma teoria esteja envolvida em contradições lógicas não é objeto do ponto de vista da nova lógica, a lógica dinâmica da dialética, que Marx e Engels extraíram da filosofia da história de Hegel". Porque a principal função dessa lógica consiste em eliminar o princípio segundo o qual as contradições são inadmissíveis. Um elemento essencial dessa dialética é o ponto de vista de que as contradições são inerentes à realidade, especialmente a realidade social, de acordo com a qual as forças opostas, na natureza e na sociedade, são interpretadas como contradições lógicas. Se as contradições lógicas são inerentes à realidade, as contradições no pensar não são um defeito lógico, e isso o afirma expressamente Hegel em sua *Lógica*. Mas, dentro do quadro da filosofia materialista de Marx e Engels, que repudiam essa identificação, é absurdo interpretar como contradições lógicas as forças antagônicas e os interesses sociais conflitantes" (Hans Kelsen, *The communist theory of law*, p. 49).

53. Essa abertura à contradição, ao dizer contra (*Wiederspruch*), é explorada na teoria marxista, fazendo largo uso da lógica dialética, no sentido derivado e em sua concepção tardia, a que dantes nos referimos: "É verdade que Marx e Engels se opunham à metafísica de Hegel; mas fizeram abundante uso da nova lógica dialética, a qual lhes permitiu dizer que o Estado é por sua própria natureza um instrumento para manter a exploração ao mesmo tempo em que o Estado, como Estado proletário, é o instrumento para abolir a exploração; que o Estado proletário é uma ditadura e ao mesmo tempo uma democracia..." (Kelsen, *The communist theory of law*, p. 50).

54. Nada mais distante do sentido originário da dialética do que essa acepção derivada. Sob esse prisma, não se instaura, neste trabalho, o diálogo com o pensamento popperiano, porque só nos interessa a dialética como originalmente concebida. Não as profecias historicistas, pelo próprio Popper anatemizadas. A lógica dialética, a partir de Hegel, assumiu um fortemente distanciado do seu sentido primitivo, mas geralmente aceito na terminologia filosófica contemporânea.

55. Na sua significação derivada, a dialética é, também ela, *monólogo*. Com toda razão acentua Villey que os filósofos modernos construíram uma sucessão de "sistemas monológicos"

(*Questions de Saint Thomas d'Aquin sur le droit et la politique*, p. 46). Mas a forma primária e fundamental do discurso humano é o diálogo: "O monologismo dos tempos modernos foi construído sobre as ruínas de uma cultura dialógica perdida" (Villey, ibidem). Do esquecimento da dialética brotou, como erva daninha, o monólogo individualista do jurista que busca a sua afirmação pessoal no palco da ciência jurídica, do jurista educado para o brilho (cf. nosso *Ciência feliz*, p. 55 e ss.).

56. Não devemos nos espantar com essa equivocidade terminológica, porque, como alerta Aristóteles ("O Filósofo" e não apenas "um filósofo", para Santo Tomás), as palavras "podem ser ditas de múltiplas maneiras" (*supra*, § 46). São esses desvios terminológicos produto da própria diversidade dos aspectos que habitam as coisas. Aliado ao desgaste natural, pelo uso imemorial, das palavras de origem, palavras-chave para o pensamento. Que pagam assim um pesado tributo à sua própria persistência no tempo. Para a palavra de origem, sobreviver, assim descaracterizada, é uma forma que oculta a decadência de sua rica significação originária, relegada ao véu do esquecimento.

57. Não apenas Hegel e Marx são, a seu modo, dialéticos (a dialética idealista moderna é irmã siamesa do historicismo). Augusto Comte já concebera o movimento da história numa dimensão dialética que não ousa dizer o seu nome. A antiguidade, infância da humanidade, é teológica; a idade média, metafísica e feudal; a modernidade, positiva e industrial (*Sistema de política positiva*, III/63). É a famosa "lei" dos três estados de Comte. O espírito humano atravessou primeiro a etapa *teológica*, na qual atribui os fenômenos a causa sobrenaturais; em seguida, o período *metafísico*, que explica os fatos através de abstrações, de qualidades ocultas, como a "pedridade" da pedra etc. Finalmente, a era *positiva* ou *científica*: o espírito renuncia a conhecer as causas, estuda o "como" e não o "porquê" dos fenômenos, suas leis (Henri Lefèbvre, *Lógica formal, lógica dialéctica*, p. 71).[7]

7. A essa tendência para a distinção, que informa as divisões tricotômicas, Nélson Saldanha nomeou "a tentação das divisões triádicas": "A tentação das divisões

58. É essa uma concepção dogmática (no sentido mais literal) da evolução da humanidade. Que nos autoriza a supor estanque a evolução, o vir a ser da história, na idade positiva? Absolutamente, nada! E essa correspondência, na lei dos três estados, responde a uma concepção maniqueísta e radical, que escolhe arbitrariamente uma característica, acaso constatada, e desconsidera todas as demais, desatenta à riqueza dos fatos históricos, globalmente considerados, obscurecida a sua visão holística. Com toda pertinência, Guitton adverte: "O pecado do dialético é canonizar o presente: parece amigo do movimento e no fundo o presente: parece amigo do movimento e no fundo o estanca" (*Nouvel art de penser*, p. 145). Que a doutrina historicista (dialética) não é desprovida de consequências práticas demonstra-o a eclosão da revolução marxista.

Mas o *débacle* das sociedades comunistas atuais infirma, por si só, a doutrina historicista, se havida como dogma de fé.

59. Dialética é, originária e primariamente, "conversa", simplesmente o diálogo. A sua própria etimologia o insinua: em grego, o verbo *dialegesthai* é "conversar". Já se cunhou até o neologismo: "dialetizar" (Bachelard). Mas a conversação dialética é uma pesquisa zetética, é dizê-la questionante, sujeita ao crivo da crítica: *dialegesthai* indica um caminho de palavras entre múltiplos interlocutores (Villey, *Questions de Saint Thomas d'Aquin sur le droit et la politique*, p. 45). A escavação etimológica retroprocedida, já de si sugere que o diálogo relevante para a dialética não é a morada do consenso (*pro*), mas da oposição de opiniões (*contra*). Não existe diálogo consigo mesmo.[8]

---

triádicas, que sempre atuou sobre os diversos autores que trataram da história 'geral', se reflete em diversos esquemas: no de Vico (história divina, heroica e humana), no de Comte (épocas teológica, metafísica e positiva), no de Morgan (selvagem, barbárie, civilização) e também no de Engels e Marx, que falavam de escravismo, feudalismo e capitalismo, *resolvidos* na solução socialista" (*O jardim e a praça*, p. 78).

8. "Nas condições atuais, a dialética possível é bem mais modesta que a de ontem. De algum modo, ela recupera a consciência da necessidade do *diálogo*, que estava presente no seu nascimento, na Grécia antiga. Dialética e diálogo são – não podemos esquecer isso – irmãos gêmeos: ambas as palavras provêm do prefixo *dia* (que indica reciprocidade) e *lêgein* ou *logos* (o verbo e o substantivo do discurso da

Que a dialética originária é a lógica *more juridico*, isto é, do estilo jurídico, indica-o, hoje, o contraditório no direito processual, como um eco distante da venerável origem desse termo-chave. O diálogo é a forma natural de comunicação originária do humano: sendo o homem naturalmente social ("animal social"), deve discorrer com os seus semelhantes (Villey, *Archives de Philosophie du Droit*, t. 29/57). Mas a relação que guarda a dialética com o diálogo é relação da espécie para com o gênero.

60. A lógica do diálogo (dialética) e sua vertente retórica, lógica da argumentação (Perelman), contrapõem-se então à lógica do monólogo, sobretudo à lógica deôntica, essencialmente monológica (Kalinowski, von Wright, García Máynez etc.).

O diálogo, adverte Jean-Louis Gardies, é o *logos* exercido a dois: "Os alemães têm a respeito uma palavra muito mais cômoda: *Zwiegespräch*. A dialética, *arte do diálogo*, é então antes de tudo a arte da conversação" (*Apud* Villey, *Archives de Philosophie du Droit*, 29/169).

61. A dialética é *arte* e portanto não é diálogo espontâneo, desregrado. A insubmissão a regras é característica do diálogo cotidiano. Por isso ele é *anárquico*, no sentido etimológico mais rigoroso (anarquia, do grego *an*, prefixo que indica privação, e *archê*, governo; anarquia é, literalmente, o estado de desgoverno). Dialética porém é regra, diretriz, cânone, a nortear o próprio diálogo. Diálogo muitas vezes de pontos de vista contrários e até contraditórios, como no direito processual. Qual é, no entanto, a finalidade do diálogo? Finalidade que o torna possível nesse campo de divergências? A busca apaixonada e emocionada do justo. A justiça é a sua estrela polar. E sem paixão, nenhuma ciência e nenhuma arte. Com maiores razões, a dialética jurídica, arte de pesquisa do justo que é, deve corresponder a uma santidade da inteligência. Não sem razão o jurista é havido como sacerdote da justiça,

---

razão). A dialética, por conseguinte, nasceu incorporando, através do diálogo, as razões do outro" (Leandro Konder, Prefácio, in: *O que é dialética*, p. 8).

celebrante, no altar do justo, da sagrada e consagrada oferenda: dar a cada um o seu (*suum cuique tribuere*).

62. Sob o crivo da crítica desenvolve-se o diálogo no processo, com vistas a uma decisão terminativa (preclusão). Mas a dialética é a arte de distinguir e definir a significação precisa de termos gerais da linguagem. Os diálogos ou discussões que os filósofos praticam preenchem justamente esse ofício... (Villey, *Le droit et les droits de l'homme*, p. 34).

63. Dialética é, em suma, controvérsia: o método da controvérsia dialética, o entrechoque de opiniões. A *Summa* de Santo Tomás reflete, bela e refinada, a arte da controvérsia: à leitura dos melhores autores, comentário de seus textos, segue-se a *quaestio*; em vez de se encastelar no dogma, ela confronta opiniões contraditórias e fornece uma tessitura de questões (Villey, *Le droit et les droits de l'homme*, p. 109). Pela análise da linguagem, a dialética supera as contradições – é a arte de *distinguir*. Distinguir num único termo as suas perspectivas diversas da utilização: "Os pais da Igreja, Aristóteles, os jurisconsultos romanos não podem usar a mesma linguagem porque seus propósitos e competências respectivas são muito diferentes" (Ibidem, p. 112). Estamos a distância incomensurável da via moderna: a dialética como sucessão de estados. Lamentavelmente esquecida, a dialética, contudo, renderá espaço à lógica formal deôntica, à lógica formal dedutiva, à lógica matemática e à logística, a operar com signos ininteligíveis aos não iniciados. A dialética antiga era um mero estilo de pensar os problemas, pela confrontação dos pontos de vista.

64. A ciência tem, diante do real que teoriza, uma função *judicativa*: julga do verdadeiro (*adaequatio intellectus et rei*) e do falso proposicionais. Mas a lógica dialética é meramente *inventiva*: lógica da pesquisa da verdade, do que as coisas são. Suas premissas – as premissas dialéticas – são, como dizia Aristóteles, interrogativas (Villey, *Questions de Saint Thomas d'aquin sur le droit et la politique*, p. 44). A premissa interrogativa circunscreve o diálogo nos seus limites, pela regra da pertinência.

65. Mas os modernos amam a novidade. Cunhou-se, então, o termo, *dialógica* (no alemão, *Dialogik*), que substitui a dialética (no grego *dialetiké*), a lógica do diálogo. Essa duplicidade terminológica induz a pensar que há uma disputa de campos de conhecimento. Disputa entre dialógica e dialética... De qualquer sorte, a dialógica se opõe à monológica – salienta-o Jean Louis Vullierme (*Archives de Philosophie du Droit*,, p. 31, nota 3).[9]

Se ouvirmos, porém, com ouvido grego e olharmos, com olhar atento, a lição clássica, as palavras de Platão do *Górgias*, que em tudo nos concernem – a nós, os modernos –, soam assim: "um diálogo é uma conversação por perguntas e respostas que se caracterizam por sua brevidade" (*Obras completas*, 449, *b*). E nos concernem porque o diálogo é próprio do homem ("Nós somos em diálogo" – dizia Hölderlin – "e podemos ouvir-nos uns aos outros"). E também porque somos herdeiros, nem sempre fiéis a essa herança, a arte da dialética. E nos concernem finalmente porque nos governam, mesmo em estado de esquecimento da arte do diálogo: "Nada de novo debaixo do Sol". E, sem embargo, todo pensamento retrospectivo deve ser, na busca das origens, um pensamento fiel.

III – Dialética – uma arte perdida para o direito?

> "A interpretação jurídica e a interpretação artística não são coisas diversas mas a mesma coisa. Se o Direito não fora arte, não haveria interpretação em seu âmbito. A interpretação jurídica é uma forma de interpretação artística; se não tivesse esse caráter, não seria interpretação. A grandeza de Vittorio Scialoja e de Artur Toscanini pertencem a uma só categoria" (Carnelutti, *Arte del derecho*, p. 60).

---

9. Também Jean-Louis Vullierme expressa reservas com relação ao vocábulo "dialética", pretendendo substituí-lo por "dialógica": "o termo 'dialógica', recentemente introduzido pelos lógicos para designar a lógica do diálogo, pode induzir a duplo emprego com 'dialética'. Esta última palavra, contudo, é carregada de muitas acepções diferentes para não ser equívoca, e melhor será evitar o seu emprego, exceto em contextos muito específicos". Que entende, porém, ele por *dialógica*? A resposta: "por 'dialógica' nós entendemos aqui: 'que a lógica é plural', opondo-se à 'monológica'" (*Archives de Philosophie du Droit*, 29/31, nota 3).

> "Todos sabemos que a própria interpretação é uma criação; e não há grande diferença entre o intérprete da música e o intérprete de uma lei; quero dizer que, para ser cientista, há que ser primeiro artista do Direito. A verdade é que ler o Código é como ter uma partitura; segundo o que se passe ou não pelo cérebro de Toscanini, a música Wagner é uma ou outra coisa" (Carnelutti, *Metodologia del derecho*, p. 52-53).

66. Dizer que a dialética é, para o Direito, uma arte esquecida não é o mesmo que dizê-la perdida. Porque é possível retomá-la, desde que se tenha a disposição de dar o passo atrás, retornando ao pensamento platônico e aristotélico-tomista – e retomando a nossa herança grega. Esquecimento é mera ocultação, simples retraimento da dialética no pensamento jurídico moderno – não a sua extinção, como a de certas espécies animais irremediável e definitivamente perdidas. A dialética não é assunto de paleontologia. A arte do diálogo não está reservada aos paleólogos. Constatar porém esse fenômeno não é o mesmo que descrevê-lo e explicar-lhe as causas. Se a análise estancasse na constatação do retraimento, o esquecimento do método dialético persistiria inexplicado. Urge, portanto, explicar as leis que governam esse fenômeno.

67. A dialética antiga perdeu gradativamente o interesse para a ciência jurídica numa decorrência da mania de sistematização que se instaurou na época moderna. Direito é – para nós – irredutivelmente sistema. Um sistema hipotético-dedutivo, à maneira das ciências naturais, experimentais. Sistema que expressa a unidade de um complexo de normas imantado no mundo do dever-ser. À unidade do complexo normativo corresponde, enquanto critério de demarcação e delimitação da própria ciência jurídica, o monismo do objeto de seu conhecimento. Essa óptica monista, característica da ciência moderna, necessariamente procede a um "corte" epistemológico, redutor da complexidade substancial do real à unidade formal de perspectiva de cada ciência que sobre ele se verte. Aqui impera o dualismo; pela contraposição entre o material (substancial) e o formal (acidental).

67-A. A especialização das disciplinas científicas não resulta, apenas, das técnicas de organização social e divisão do trabalho individual dos cientistas.

Toda especialização científica, por implicação, é como uma proclamação silenciosa de nossa "douta ignorância". O especialista nada sabe, em geral, sobre outros campos de conhecimento, não só diversos do seu, mas que também lhe são estranhos, ou seja, ignorados: "Os *experts* competentes são incompetentes para tudo aquilo que excede a sua especialidade..." (Edgar Morin, *O método 6 – Ética*, p. 150).

O que se esconde, sob esse fenômeno de mutilação do conhecimento científico, é a metodologia redutora, por uma espécie de horror à complexidade. Uma capitulação do espírito.

68. A dialética é *arte*, não é sistema. Arte de disciplinar o diálogo, direcionando-o segundo regras preestabelecidas e que devem presidi-lo. E a arte do Direito é, também ela, uma investigação esquecida. Modernamente só o sistema impera, condicionando as estruturas do pensamento jurídico. Só muito recentemente o estudo da função, o fim no direito, foi retomado em Bobbio – *Dalla struttura alla funzione* é o título indicativo de obra capital sua, já referida (*supra*, § 39).

Mas a tendência à sistematização, que tomou conta da ciência moderna, não explica, por si só, a decadência da arte da dialética. Para tanto, há de se socorrer o pensador da escuta da própria palavra na sua eclosão originária e nos seus desdobramentos ao longo da história.

69. Essa evolução histórica fornece o "elo perdido" entre a força originária da palavra, o que há de mais grandioso em sua significação, e a atual desconsideração e mesmo ignorância do significado originário da dialética. Sem esse elo perdido, o dito pela sua origem e o não dito pelo esquecimento atual da dialética podem apenas ser *descritos*, não, porém, *explicados*. Muito mais para serem ditos do que explicados. A explicação somente se viabiliza no desdobramento histórico da dialética, seu destino e sua saga.

70. Como se instaura esse processo de decadência? – eis a indagação a ser enfrentada. Dialética no sentido originário é, hoje, fórmula quase insignificante. O uso do dia a dia acarretou sua trivialidade, pela pulverização semântica. Infelizmente não é biologicamente possível retenha uma palavra, ao longo do tempo, a sua eminência de significação, tal como eclodiu na linguagem. *Uso* acarreta, com o passar do tempo, *desuso*, ou mau uso. Esse fenômeno foi, aliás, muito bem apercebido por Villey, a propósito da consideração, hoje abandonada, da justiça como o único fim do Direito, numa verdadeira crise de seus fundamentos: "Crise da justiça. Mas que o Direito visa à justiça, que ele seja a administração da justiça, essa fórmula carece hoje de sentido. Ela é uma dessas frases que se repetem na rotina da linguagem e que, à força de terem servido demasiado, se embotaram, perderam a sua seiva" (*Philosophie du droit*, I/49-50).

Não admira, pois, que a própria dialética estivesse submetida, em sua evolução histórica, a uma progressiva e inexorável trivialização. Ou, quando menos, a mutação de significados, em ruptura com o passado, que nada acrescentou em grandeza à sua significação originária. No seu culto do progresso, o dogma das leis historicistas inexoráveis atenta contra a ciência (Popper).

71. A decadência do método dialético, na sua evolução histórica, tornou-se a única alternativa. Ainda que, sem o saberem, advogados e juízes diuturnamente até hoje a pratiquem, como se fora uma virtude enlouquecida pelo diálogo de surdos: razões são produzidas pelas partes, cada uma delas encasteladas em posições nas quais o dizer alheio – o do *ex adverso* – é pretexto, tão só para o desafio do desmoronamento da sua própria arquitetura conceitual. Nada obstante, o processo é uma disputa regrada. Regras ditadas pelo princípio da pertinência. Por isso, a dialética persiste nele como um resíduo histórico, obstinado em sobreviver.

72. Para uma reversão dessa tendência à corrosão da dialética – reversão necessariamente radical, porque vai à sua raiz

– deve-se reconduzir o estudo jurídico, contra o sistematismo moderno, à arte do Direito – *reducere jus in artem*. O que pressupõe uma noção da finalidade, a consideração teleológica do Direito no âmbito da *polis*. Qual é o fim "do" e "no" Direito?

O juiz somente pode dizer o direito de cada um se e enquanto esse direito seja determinável. Essa determinação é operada pelo devido processo legal. A jurisprudência, a arte de declarar judicialmente o Direito em sede contenciosa, se desenvolve, portanto, como uma atividade sob a regência das leis. Não por outro motivo, o diálogo se manifesta no processo, legalmente regrado. Pois é a lei processual que estabelece as regras a serem observadas pelas partes no processo. Diálogo entre as partes adversas e o juiz, a parte imparcial. Essa movimentação dialética estanca num ponto terminal, a decisão judicial. No direito moderno, a decisão judicial é normalmente sujeita a recursos. Mas a via recursal não se abre ao infinito. Há de parar num ponto, onde opera a preclusão da sentença. Não mais cabe recurso: *res judicata pro veritate habetur*. Diz-se então que a decisão transitou em julgado e só é atacável muito excepcionalmente por "remédios" processuais, como a ação rescisória (CPC, art. 485).[10]

73. Mas é surpreendente ao ouvido moderno a definição da sentença sob perspectiva dialética: "Uma 'sentença' é uma opinião não cientificamente demonstrada, contudo fundada, esclarecida pela controvérsia dialética, que tomou em consideração sobre uma só causa os pontos de vista de múltiplos interlocutores" (Villey, *Le droit et les droits de l'homme*, p. 54).

Sem que se ouçam as razões das partes em conflito, nenhuma dialética e nenhuma decisão judicial. A regra *audiatur est autera pars* vigora no processo como uma tradição milenar e com absoluta injunção para os seus desdobramentos históricos.

10. No Código de Processo Civil de 2015, a ação rescisória está prevista no art. 966.

IV – O método dialético

> "A fina flor das artes é a dialética" (Michel Villey, *Questions of Saint Thomas d'Aquin sur le droit et la politique*, p. 27).
>
> "Para que haja diálogo, é preciso que as opiniões divirjam, e divirjam sobre princípios" (Villey, *Archives de Philosophie du Droit*, 29/62).

74. Não há método dialético sem a oposição de contrários. A dialética move-se no entrechoque de opiniões (*endoxa*). Diversamente do método hipotético-dedutivo moderno, ela não parte de axiomas. Seu campo de eleição, constituem-no as opiniões selecionadas de autoridades. Não para firmar – e imunizar – ainda mais o argumento da autoridade, como nas hipóteses paracientíficas meramente *ad hoc*, mas para comparar e confrontar a autoridade, o "peso" lógico dos vários argumentos em disputa. Jean Guitton acentua essa característica do método dialético aristotélico: "Ele põe inicialmente blocos sobre o seu caminho, depois os desloca ou mesmo os contorna com invencível paciência: 'Há aqui – concede ele – uma dificuldade'. São Tomás, a cada artigo da *Summa*, utiliza esta fórmula: *sed contra est*. Seu processo consiste em procurar o que é contrário, o que é possível opor à tese que ele sustenta: depois, uma vez exposta a solução segundo a ordem, retorna às objeções que fizera e as responde" (*Nouvel art de penser*, p. 120).

75. Guitton nos fornece outros e expressivos exemplos da aplicação do método dialético: "Eu dizia aos meus alunos: 'Quais as palavras que mais ajudam a pensar?' São essas três em particular: *Dir-se-á que...* (e vocês introduzem a objeção). *Sem dúvida* (então vocês fazem a concessão). *Mas* (vocês formulam o juízo). Imponham essas formas a suas ideias, talvez vocês as convertam em pensamentos" (*Nouvel art de penser*, p. 122).

A dialética não prescinde então da oposição do pensamento contrário, sendo, antes, abastecida e nutrida por ele.

No sentido originário, dialética é a arte do diálogo. Aristóteles distingue a dialética da analítica. Esta tem por objeto a demonstração, isto é, a dedução a partir de premissas verdadeiras; a dialética, mais modestamente, os raciocínios que recaem sobre opiniões prováveis (Lalande). Seu ponto de partida é a premissa meramente opinativa, dita também premissa dialética.

76. Mas a dialética se retraiu, no pensamento moderno, a partir do prestígio descomedido atribuído ao sistema e desmesurada reverência à sistematização. Salienta-o Villey: "Pelo menos até a aparição do sistematismo moderno (que transporta para a Filosofia um método geométrico), tradicionalmente o método da Filosofia era o diálogo, a *dialética*, no sentido clássico dessa palavra: arte da discussão bem organizada (arte jurídica)" (*Philosophie du droit,* I/41).

77. No seu sentido originário – único que nos interessa –, a dialética corresponde à arte de argumentação, função hoje estritamente atribuída à retórica. Nomeá-la arte é já dizê-la regrada. Seu campo de eleição é a discussão, a polêmica teórica bem organizada e regrada. Por isso, é para a dialética essencial seja ouvida a argumentação produzida pela parte contrária: *audiatur et altera pars*. As palavras da Constituição Federal de 1988, art. 5º, inciso LV, ressoam como eco dessa arte venerável: "Aos litigantes, em processo judicial ou administrativo, e aos acusados em geral são assegurados o contraditório e ampla defesa, com os meios e recursos a ela inerentes".

A dialética exercer portanto função nuclear no direito processual, depositário dessa lógica natural ao Direito e infelizmente – fora do processo – praticamente abandonada.

78. Importa entretanto – e decisivamente importa – restituir à dialética a sua significação primária, escoimando-a da plurivocidade que modernamente a enferma. O mais grave erro do cientificismo e sistematismo modernos, erro de corrosivos efeitos para a ciência jurídica, foi abandonar a dialética, lógica do diálogo, substituindo-a pela lógica do monólogo, o discurso jurídico empreendido por um só: o autor da teoria, o exegeta dos textos legais, o comentarista, o glosador, o simples anotador, o atualizador etc. Restituir à dialética o seu sentido originário – lógica do diálogo – é convocação da origem e resgate da fidelidade à tradição: o que há de mais digno a ser questionado e restaurado na arte do Direito, também esta uma investigação esquecida. Não há diálogo onde não se entrechocam as opiniões de vários interlocutores: só o monólogo às vezes entediante, o solilóquio do pensador consigo mesmo. Não se trata, pois, a recomposição, a "escavação" do sentido originário do termo, de mera "curiosidade arqueológica". É convite à meditação urgente, sobretudo no processo, único depositário normativo (como que de um resíduo) da dialética pelo *audiatur et altera pars*, princípio dos princípios processuais. E indispensável a dialética para uma ciência do processo moderno, que, na sua modernidade, se recuse a voltar às costas para a tradição naquilo que esta tem de mais venerável: o contraditório, dispositivo *civilizador*, exigência indeclinável tanto para testar asserções e teorias, confrontar opiniões divergentes, quanto para a aplicação contenciosa de normas jurídicas.

79. A dialética foi sacrificada, na ciência jurídica, sobretudo pelo individualismo moderno. O pensador isolado em si mesmo e nas suas teorias é um subproduto desse individualismo que a todos nos governa.[11] Tão inaplicável em sua regência da convivência humana na sociedade atual quanto desapercebido na sua abstratividade. E no abstrato e na abstração perduram as injunções mais decisivas para os destinos da própria humanidade. É dizer: a grandeza. E nada mais abstrato que normas jurídicas, sejam ou não positivadas.

80. *Suum cuique tribuere*. Dar a cada um o seu é a finalidade do Direito. A justiça é uma partição ou repartição de coisas exteriores ao indivíduo. Consiste em determinar, nas coisas móveis ou imóveis, o quinhão de cada um. Acentuou acertadamente Villey que essa função processual pressupõe obra conjunta de pelo menos três pessoas: "que cada uma das partes possa deduzir a sua pretensão e que um terceiro (juiz

11. "A pesquisa (dialética) oferece a característica de fazer-se por diversos. Porque o homem é um ser social, é natural que o trabalho do conhecimento seja obra *comum*. Ela não é feita por um indivíduo solitário, mas por um conserto de várias vozes, de uma polifonia" (Villey, *Philosophie du droit*, II/48).

ou legislador) chegue a reparti-la por uma sentença ou texto de lei. Os solilóquios de um pensador centrado como Descartes sobre o seu 'eu' não poderiam conduzir à descoberta de tal *relação*. Só um diálogo pode conduzir a isso. Assim o Direito nasce do processo, diálogo regrado, cujo método é a dialética" (*Philosophie du droit*, II/62). Acrescento: sem a dialética sequer poderá o Direito afirmar-se como ciência do justo: *rerum notitia justi atque injusti scientia.*

81. A dominação tecnológica da ciência do Direito, via saber *monológico*, bem o demonstra. Onde se instaura o primado da tecnologia jurídica não há lugar nem para a ciência, nem para a arte do justo ou do injusto. É a eficácia da coação estatal ou paraestatal, pública ou privada, que ao final prevalece, independentemente da justiça ou injustiça da regra, sequer levada em linha de conta: jamais conduzida a estado de questionamento. Essa eficácia jurídica – independentemente de conteúdo da regra – é pois o que decisivamente importa. Por esse caminho, instaura-se no Direito a tecnociência.

82. Depositária do contraditório, a ciência do processo é via aberta para a dialética jurídica. Que é o processo senão o campo de eleição para uma controvérsia de opiniões? E essa controvérsia é dialética; não pode ser outra coisa. *Audiatur et altera pars*: "É uma injustiça para um juiz de não curar senão do criminoso e encontrar-lhe escusas com o concurso de psiquiatras. Ou de não ter olhos senão para a ordem pública. O próprio do jurista é ter olhos para todos os pontos de vista" (Villey, *Philosophie du droit*,II/70). Essas palavras luminosas acolhem e recolhem uma profunda verdade. Próprio do jurista, sobretudo o processualista, é o método dialético, com a consideração de todos os pontos de vista em confronto.

83. Dentro da pulverização de significados da dialética, Bachelard, o "dialético do contraditório" segundo François Dagognet, recorre frequentemente a um sentido específico. Dialética é, para Bachelard, a oposição de contrários, por exemplo, a dialética do passivo e do ativo, do movido e do móvel, do queimado e do queimante, dos particípios passados e dos gerúndios (*A chama de uma vela*, p. 33), a dialética do objetivo e do subjetivo (ibidem, p. 36), a dialética do ensinador-ensinado (ibidem, p. 28). Noutra obra, Bachelard chega à distinção entre as dialéticas da razão, que se justapõem às contradições para cobrir todo o campo do possível, e as dialéticas da imaginação, que buscam apreender todo o real e encontram mais realidade no que se esconde do que no que se mostra (*A terra e os devaneios do repouso*, p. 25).

84. Em *A poética do espaço*, Bachelard retoma o tema, pela referência à dialética do pequeno e do grande, do ser livre e do ser acorrentado (p. 121-122), do oculto e do manifesto, do plácido e do inofensivo, do fraco e do vigoroso (p. 123).

Em *O direito de sonhar* ele retoma a essa oposição dialética, pela referência ao continente e ao conteúdo (p. 18), aos primeiros planos e à profundidade (p. 81-82), à natureza e contranatureza, isto é, as escavações subterrâneas que privam as árvores da seiva profunda (p. 89), a dialética feliz (*sic*), que conduz de um trabalho sobre-humano à grande esperança da humanidade pacificada (p. 93), o jogo de antíteses e a dialética dos contrários (p. 126) etc.

Nada a estranhar, porque, segundo testemunho de Aristóteles, a dialética foi invenção de Zenão de Eléia, provavelmente, para servir de apoio às antinomias hipotéticas de Parmênides (cf. F. E. Peters, *Termos filosóficos gregos – Um léxico histórico*, p. 50).

E André Lalande observa que a dialética consiste essencialmente em reconhecer a inseparabilidade dos contraditórios e a descoberta do princípio desta união numa categoria superior (*Vocabulaire téchnique et critique de la philosophie*, p. 227). Trata-se então de uma dialética da contradição. Hegel chama "momento dialético" (*Dialektisches Moment*) a passagem de um termo a outro que lhe é antitético e a impulsão que dá no espírito a necessidade de superar essa contradição (cf. Lalande, *Vocabulaire téchnique et critique de la philosophie*, p. 227-228).

Essa contraposição está vinculada à dialética, desde as suas origens mais distantes.

85. A dialética não exclui portanto a oposição do pensamento adverso; não se abastece da concordância de opiniões. Ao contrário: o contraditório é a seiva de que ela se nutre. Ali onde só há concordância absoluta de pontos de vista não há lugar para o diálogo. Que só se instaura apropriadamente onde há divergência, total ou parcial, de opiniões. O pensamento dialético não avança pela concordância, mas pela discordância. Na própria ciência, modernamente concebida, preconiza-se o primado da refutação sobre a corroboração das teorias ou, mais especificamente, das hipóteses científicas (Popper).

5

CONSISTÊNCIA DO MÉTODO DIALÉTICO

I – A dialética move-se no campo da opinião. II – Escolha das opiniões confrontadas: as dos mais notáveis. III – Canônica da disputa dialética ("porene causam"). IV – Canônica da disputa dialética: pertinência.

I – A dialética move-se no campo da opinião

"Antes de entrar numa discussão verifique se vale a pena convencer o seu interlocutor" (sabedoria popular, imemorial, retomada por Luís da Câmara Cascudo).

"Mas nem todos os homens sabem escutar. Não é o mesmo escutar que ouvir. Ouvem-se as palavras: o silêncio se escuta" (Carnelutti, *Arte del derecho*, p. 38).

"Quem se cala diante de uma onda contínua de baixezas diz alguma coisa, mesmo que só compreendam os que compreendem o silêncio" (Heidegger, *Hölderlins Hymmen "Germanien" und "Der Rhein"*, p. 72).

"Também quando ouvem não compreendem, são mudos. Justificam o provérbio: presentes, estão ausentes" (Heráclito de Éfeso, *Los Presocraticos*, frag. 34).

86. A dialética é o discurso do provável e não do apodítico, isto é, do evidente ou demonstrável. Arte – não ciência

– que se move no campo da opinião. Daí por que afirma Villey não poder o dialético, partindo de opiniões, evadir-se da esfera da opinião (*Questions de Saint Thomas*, cit., p. 38). Sua característica basilar não é convergência mais o entrechoque de opiniões. Assemelha-se – sendo portanto análoga e não idêntica – a um jogo, porque é uma disputa regrada, em que participam vários autores reunidos em torno da questão que lhes é posta (*ponere causam*) (*infra*, §§ 99 e ss.). Sem a multiplicidade de opiniões divergentes sobre o mesmo objeto de conhecimento, opiniões que impõem sua confrontação não há lugar para a dialética.

87. Segundo Aristóteles, característica da dialética é partir de simples opiniões indemonstradas, mas confiáveis. Daí o seu caráter problemático. Não sem razão, o diálogo é tão estudado na antiguidade clássica, mais precisamente no pensamento grego. É a forma primária do próprio pensamento humano: "Nós somos em diálogo", dizia Hölderlin, e assim sendo "podemos ouvir-nos uns aos outros". Sem escuta atenta de outrem, aquiescente ou não, nenhum diálogo autêntico. Quando muito um "diálogo frustrado", no sentido de Francis Jacques. Mas a lógica do monólogo (monológica, no dizer moderno) não é despicienda – ela é simplesmente derivada.

88. A dialética é uma "espécie" do "gênero" diálogo. Trata-se do diálogo regrado. O diálogo assim definido por Platão: "uma conversação por demandas e respostas, que se caracterizam por sua brevidade" (*Górgias*). A exigência "metodológica" de brevidade não é simplória, como pareceria a um entendimento superficial. Em Platão não há palavras sem dignidade de significação. Breve não é aquilo que artificial ou arbitrariamente é cortado e recortado na argumentação expositiva por economia de espaço ou para poupar a atenção alheia. Demandas e respostas não devem espraiar-se, descomedidamente, truncando o diálogo. Breve é aquilo que estanca num ponto terminal compatível com a atenta escuta do pensar alheio. O período de tempo além do qual a atenção não mais pode reter-se.

89. O diálogo é então *próprio* do homem, por natureza um animal social.[12] E a socialização do homem, diversamente das sociedades animais, se manifesta pela palavra ou, mais precisamente, pelo intercâmbio de palavras: "Je parle et tu m'entends, donc nous sommes" ("eu falo e tu me ouves, então nós existimos") – é o belo e sintético silogismo de Francis Ponge. Mas a manipulação das palavras não deve voltar as costas para as suas origens mais veneráveis, quando elas, as palavras eclodiram na linguagem. Toda palavra pensada é, a rigor, palavra da origem. Toda escavação etimológica, uma recomposição da origem, onde habita na palavra o que há de mais grandioso – e não apenas a simples grandeza.

Quem plantou abóboras não pode colher carvalhos. Mas na semente do carvalho – a sua origem biológica – já está em potência toda a grandiosidade do seu crescimento futuro. Todo pensar autêntico é pensar seminal (adjetivo que nomeia semente e sêmen ao mesmo tempo). Seleção de opiniões é como que a seleção das sementes do pensar em germinação de profundidade. Nem toda semente deve ser ofertada em semeadura a solo fértil. Não é qualquer uma que há de ser confiada ao ritmo das estações do ano e à proteção maternal da natureza. Só as que, selecionadas pela sua qualidade, antecipam as expectativas do fruto sazonado. Por isso, não qualquer opinião, mas a opinião dos notáveis é necessária à dialética. Opiniões, nada obstante a sua altíssima suposição, incertas e problemáticas. Ao deitar-se ao solo uma semente não há garantia alguma de germinação.

90. O domínio dialético, o do oponível, distingue-se do apodítico, o dos silogismos científicos. O ponto de partida deste último são premissas com pretensão de verdade. A dialética – arte do diálogo regrado – confronta pontos de vista, objeto de uma controvérsia determinada. Metaforicamente – e só em analogia

12. "O homem, sendo, como diz Aristóteles, um animal social, vivendo 'com outros' – *zoon politikon* não é natural também que o *conhecimento seja comum*? Que a maior parte das nossas ideias seja um bem comum e o produto de um trabalho social?" – indaga desafiadoramente Villey (*Archives de Philosophie du Droit*, 27/267).

–, pode-se dizer que o da dialética é um jogo regrado (*infra*, § 99). No processo, esse regramento deve submeter-se ao objetivo comum, a pesquisa do justo, e não, ao estilo moderno, corresponder a mera solução tecnológica dos conflitos entre partes em litígio. Modernamente, a coisa julgada é um sucedâneo tecnológico da justiça. Operada a preclusão da sentença, ela se imporá – é dizê-la eficaz – independentemente de o seu conteúdo ser ou não justo. Cultiva-se estranho raciocínio: se é eficaz, é *ipso facto* justo. O papel da segurança jurídica torna-se muito mais amplo e soberano que o da administração da justiça.

91. O drama e a trama do Direito, a urdidura e a tessitura do seu destino, se desenvolvem no conhecimento do justo e do injusto, e não apenas da simples persuasão, no sentido retórico, o da manipulação dos atos processuais, em seu exclusivo interesse, pelo autor e/ou réu. A dedução jurídica não é uma dedução perfeita. Seu ponto de partida é o provável, o lugar das ideias topicamente concebidas – por exemplo: "Ninguém pode transferir a outrem mais direitos que os que possui". Natural que a arte jurídica – a pesquisa do justo – tenha seu campo de eleição na dialética. Mas à tópica, como dito, incumbe encontrar os pontos de partida para o raciocínio dialético, a partir de premissas não verdadeiras, porque apenas opinativas. Parte ela da opinião dos notáveis, os mais esclarecidos, o admitido por quase todos ou pelos mais conhecidos e, enquanto autoridades, os mais acatados. Aristóteles e Santo Tomás são mestres na utilização desse método.

92. Retenha-se a ponderação: formalmente são indistintos os raciocínios dialéticos e apodíticos. O que os distingue são as premissas, os seus pontos de partida. As premissas dialéticas não se fundam na lógica alética moderna: a das proposições verdadeiras ou falsas. No domínio da dialética adentra-se o apenas *provável*: domínio de vasta gama de significações possíveis – há proposições apenas "suscetíveis de serem defendidas", "aceitáveis", "bastante prováveis" (Peter Degadt, *Littératures contemporaines sur la "topique juridique"* p. 9). É o campo por excelência do opinável; campo onde a tópica pode prestar inestimáveis serviços (*supra*, §§ 86 e 87).

93. A conclusão dialética lograr-se-á portanto num desdobramento de simples opiniões. As proposições dialéticas são traduzidas por Vieweg, de acordo com a sua herança grega, como "proposições opinativas" (*leitungsmässigen Sätzen*) (*Topik und jurisprudenz*, p. 21). Que significa *endoxa*? Responde-o Aristóteles, no toque de clarim da alvorada grega do nosso pensamento: são proposições que parecem verdadeiras a todos ou à maior parte dos sábios e, dentre esses, os mais conhecidos e famosos (*Tópicos*, I, 1, 3, 5).

Mas, enquanto arte, a dialética visa a distinguir e definir a significação precisa dos tópicos gerais: por exemplo, *summum jus, summa injuria* (*supra*, § 29).

O campo de eleição da dialética é o *problema*, em cujo âmbito se manifestam opiniões divergentes. É o território das objeções, que nada mais nada menos representam senão "opiniões *lançadas* ao debate em face do problema (*ob-jecta*). Pró e contra, de uma parte a outra" (Michel Villey, *Questions de Saint Thomas*, cit., p. 61).

A dialética move-se, portanto, na oposição de pontos de vista.

94. À dialética não convém o maniqueísmo do "sim" ou "não" (*sic aut non*) peremptórios, mas a humildade do "sim" e "não" (*sic et non*), como recomendava Abelardo. É destino da *quaestio* acolher opiniões contraditórias, na busca até de suas migalhas de verdade. Dando-lhes, a prudência que, ponderados os prós e os contra, o sim e o não, determina em última instância a escolha, que é posta pela vontade. A prudência nas soluções jurídicas é chamada, desde os romanos de jurisprudência" (Torquato Castro, *Teoria da situação jurídica no direito privado nacional*, p. 4).

Da etimologia do juízo como a morada do justo deriva ilação necessária: finalidade do juízo é o justo, atributo da justiça comutativa ou distributiva. Porque essencialmente deve ser justo, o juízo pode ser conforme ou não (*sic aut non*) à lei escrita. É tema de delicadíssima abordagem, a ser empreendida em seguida (*infra*, §§ 178 e ss.).

II – Escolha das opiniões confrontadas: as dos mais notáveis

> "Então a fina flor desse direito da escolástica medieval é *a seleção das autoridades*: numa discussão jurídica, a autoridade de Santo Agostinho era declarada inferior ao *Corpus Juris Civilis*. A cada um, seu domínio. É assim que se chegou a reconhecer Aristóteles como um autor competente em filosofia" (Jacqueline D'Entraves).

95. Uma seleção de opiniões: o primeiro instrumento, o mais necessário da dialética. Escolha de opiniões dignas de serem confrontadas. Não qualquer opinião: apenas as revestidas não só do argumento da autoridade, senão também de autoridade em sua argumentação.

Essas opiniões devem, preferencialmente, ser antigas. Trata-se de uma retomada da tradição, ato de fidelidade e comemoração pensante. Como se fora em agradecimento pelo legado venerável da tradição e das palavras de origem do nosso caminho de pensamento. Dialética é diálogo com vivos, mas sobretudo com mortos: ausentes-presentes. Recebemos esse legado sem ônus, sequer mérito nosso. Por isso a divisa pietista celebrava: "Pensar é agradecer" (com muito maior força no alemão, dada a proximidade morfológica dos termos: *Denken ist danken*). O mais que podemos fazer é tornarmo-nos digno dele. Preservar o seu direito ao questionamento.

Entre os vivos, excluem-se as autoridades magistrais, isto é, os mestres universitários contemporâneos, tais como, hoje em dia, os orientadores de teses (às vezes desorientados e desnorteados). É a advertência de Villey: seu prestígio decorre de que eles têm alta hierarquia, poderes, e distribuem créditos de pesquisa: medíocres critérios (*Questions de Saint Thomas d'Aquin sur le droit et la politique*, p. 62).

96. Outra regra: a parcimônia nas citações (veja-se, por todos, a *Summa Teologica* e seus textos sobre as leis e a justiça). Seleção recomenda e impõe parcimônia, não a profusão, postiçamente erudita, de citações. Sem embargo, a seleção pode recair sobre autores cujas ideias são diversificadas ao extremo. O campo de eleição da dialética é, nesse sentido, a divergência de opiniões, e que se manifestam não sobre meros aspectos secundários e de pormenor, mas sobre os princípios instauradores da própria discussão e condicionantes do seu desdobramento. No princípio é a força do inicial, do começo do começo. Com todas as razões, Villey denuncia a "intemperança bibliográfica", a pletora de referências bibliográficas e citações em que se afogam as produções acadêmicas contemporâneas (*Questions de Saint Thomas d'Aquin sur le droit et la politique*, p. 63) – entre nós, por exemplo, as dissertações de Mestrado e teses de Doutorado. Citação somente se justifica a título de honra. Uma ponderação, contudo: a citação de pessoas mortas é já um indicador de autenticidade do autor que cita, porque os mortos dispensam bajulações e encômios. Kelsen e Carnelutti, tão divergentes noutros pontos, convergem nesse sentido: a sua autonomia de pensamento dispensa as muletas de citações graciosas tão a gosto das corporações de elogios mútuos. Nelas, a citação é, de si e por si, uma honra e homenagem. Como acresce em grandeza essa *doxografia*! É nesse sentido que os textos citados têm valor de pretextos, no trocadilho didático de Villey. Na dialética, são pretextos para o exercício do pensamento lógico – a lógica do diálogo ("dialógica", que já é um modo moderno de nomeá-la).

97. Escolher as opiniões é também selecionar as autoridades. O que importa é selecionar a opinião dos notáveis. Partindo da opinião, a dialética não pode decerto libertar-se do terreno do opinativo. Não porém uma submissão servil à autoridade, um culto descomedido do autoritarismo intelectual. Se assim não fora, sequer poderiam as opiniões ser postas em estado de questionamento, isto é, de discussão crítica. O exercício da crítica é incompatível com a subserviência intelectual ante os detentores do poder universitário e científico. E sobretudo político. Por isso estimava Boecio a seguinte máxima: *Locus ab auctoritas infirmissimus*. "O tópico da autoridade é o mais vulnerável". É um libelo contra o autoritarismo intelectual: assim como no processo judicial ou administrativo a prova testemunhal é a meretriz das provas, o argumento da autoridade, no processo de conhecimento, é de todos o mais fraco.

98. Mas o conhecimento filosófico ou científico é obra, porque intersubjetiva, comum e comunitária. Seu destino é a sociedade onde está imerso e submerge. Não o brilho do estudioso. Não o saber subjetivamente acumulativo. Só o saber legitimado, na cidade dos homens, pelo seu compromisso com o bem-comum. Não há, rigorosamente falando, saber individual, porque o meu saber é, a assim dizer, uma apropriação (e às vezes uma espoliação) do saber alheio, do esforço em profundidade dos que nos antecederam na caminhada do pensamento. É um primor de argúcia essa ponderação: "A minha cabeça pensa com a cabeça dos outros e a cabeça dos outros pensa na minha cabeça" (Brecht). Nada mais próprio ao trabalho intelectual que a dialética: a livre disponibilidade do espírito para a escuta do pensar alheio. Não sem bom humor, Guerreiro Ramos, o "divino mestre", como, no seu necrológio, o nomeou Gerardo Mello Mourão, enunciava uma verdade aplicável a todos os estudiosos e amigos da ciência: "Em matéria de cultura, meu débito para com os amigos é muito grande. Reconheço-me mesmo, neste terreno, um explorador de amigos" (*Introdução crítica à sociologia brasileira*, p. 215).

III – Canônica da disputa dialética ("ponere causam")

99. Uma disputa sem regras de discussão perde-se no vazio. Platão já o reconhecera e advertira. Por isso a dialética é por alguns concebida como a arte de estabelecer as "regras do jogo" (metáfora não de todo afortunada) que deverão presidir as relações entres os intervenientes na discussão (*supra*, § 90). No processo, *e. g.*, os litigantes não jogam dados. A eventual intempestividade de recursos é uma espada de Dâmocles sobre eles. Há uma certa previsibilidade do julgamento: o *fumus boni juris* (a fumaça do bom direito), ou a sua ausência, a inexistência de *periculum in mora* (risco iminente). Pois bem: a submissão de autor e réu às regras processuais implica "uma espécie de acordo no desacordo" (Ferrater Mora), uma contraposição regrada de posições.

100. Colocar o problema (*ponere causam*) – *e. g.*, "deve o juiz julgar sempre conforme a lei escrita" – é demarcar o objeto da controvérsia. Por isso ensina excelentemente Villey: "Não existe diálogo sem uma ordem-do-dia comum. Não pode nascer diálogo fecundo sem seu primeiro momento: *ponere causam*" (*Questions de Saint Thomas d'Aquin sur le droit et la politique*, p. 58-59). *Ponere causam* é tematizá-la, definir as "regras do jogo", o que envolve a exclusão de toda proposição não pertinente ou "irrelevante" para a questão tematizada. É, em suma, circunscrever o objeto da controvérsia no seu campo próprio.

101. A *causa*, tal como originalmente concebida, não corresponde ao nosso moderno "causa" (a causa processual), mas a uma *coisa*, o centro de interesses divergentes do autor e réu no processual judicial, mas convergentes para uma sentença judicial terminativa do respectivo litígio. *Ponere causam* é literalmente: pôr um problema em estado de questionamento, porque digno de ser questionado.

102. Essa coisa é formalmente uma questão: a questão processual, a *quaestio sub judice*, a *res in judicium deducta*. Mas a questão corresponde a uma premissa interrogativa e, consequentemente, a um estado de incerteza. Partindo da incerteza, a premissa dialética somente pode conduzir a uma incerteza. A coisa julgada (*res judicata*) não converte o *decisum* em verdade, sequer em certeza subjetiva. É tida como verdade por ficção (*fictio est falsitas pro veritate habetur*). Só é possível ter-se como verdadeira a *res judicata* porque substancialmente ela não o é. É este um efeito – *res judicata pro veritate habetur* – somente possível porque ela opera, pela preclusão, como um sub-rogado da verdade. Sobretudo da verdade jurídica, a verdade como desvelamento do oculto nas dobras do ordenamento jurídico ou na profundidade das relações sociais. Lei que incide pode não ser aplicada. Porque à incidência da lei não corresponde sempre um ato de sua aplicação pela autoridade judicial, diz-se, em linguagem metafórica, que a coisa julgada faz do branco, preto e do quadrado, redondo. É isso que parêmia pretende significar.

103. Mas quando se voltam os olhos do jurista para a eminência do contraditório, essa sua mirada o destina a uma apologia da *quaestio*. Sem as regras do diálogo – regras dialéticas para a composição do litígio processual – a ciência do processo não seria possível. E muito menos a arte do Direito, abrigada zelosamente no processo. Mais sinteticamente: sem a canônica do diálogo processual entre autor e réu, nenhum processo administrativo ou judicial. O princípio do contraditório é um instrumento civilizatório sem o qual regrediríamos à barbárie: justiça com as próprias mãos, regra do talião: olho por olho, dente por dente.

104. Mas o problema, uma vez posto em estado de problema, ou seja, enquanto digno de questionamentos, há de ser visualizado em todos os seus aspectos – ao menos os mais relevantes e, se possível, decisivos: *ponere causam* é, então, a consigna dialética. *Ponere causam* é, em certo sentido, expor o fato. Ainda aqui Torquato Castro nos socorre, com a sua habitual proficiência: "Causa, nas fontes, constantemente, assume, em Roma, o sentido do que genericamente conhecemos como *fato*: assim, no *Dig.* 9.2.52.2, quando Alfenius, consultado sobre a solução jurídica que se imporia, decidiu que a solução se encontrava na *causa*: *respondi*: *in causa jus esse positum*. Só os *fatos* indicariam realmente a culpa ou a responsabilidade, no caso" (*Teoria da situação jurídica no direito privado nacional*, p. 128 – os destaques são desse autor).

No processo, a necessidade de *ponere causam* é incontornável. O jurista romano colocava o problema da *legitimatio* no processo: "indagar, em cada espécie, da experiência de um título em que o direito fosse razão suficiente para que certa pessoa detivesse a qualificação de *parte*, naquela determinada atividade jurídica consubstanciada pela *actio*" (Torquato Castro, *Teoria da situação jurídica no direito privado nacional*, p. 132).

Dessa *causa* derivou em vernáculo "coisa", no espanhol *cosa*, no francês *chose*, no alemão *Sache* e no inglês *thing*, o próprio objeto da disputa processual, a coisa litigiosa, como se diz na doutrina processual.

IV – Canônica da disputa dialética: pertinência

105. A oposição dialética deve manifestar-se com vinculação à matéria em discussão. A regra da *pertinência* situa a discussão num território contextualmente demarcado. Di-lo excelentemente Alessandro Giuliani: "O propósito pertinente é verdadeiro duma verdade situada. Sejamos precisos: duma verdade contextualizada" (*Archives de Philosophie du Droit*, 29/156).

Quem entretanto custodia a pertinência no processo? Resposta: o juiz, a quem incumbe primariamente velar pela condução adequada da argumentação das partes. É dizê-la: de acordo com as regras (canônica) do processo.

106. A regra das regras da dialética processual – *audiatur et altera pars* (ouvir a parte contrária) – não pode efetivar-se e converter-se em eficácia se não a socorre a regra (dela derivada) da pertinência, recortando o círculo no interior do qual se moverá a discussão. Nenhum exemplo melhor da aplicação dessas regras ao Direito que o ofertado pelo processo. Essa metáfora do círculo expressa, admiravelmente, a regra da pertinência e seu consectário: a limitação do debate processual a pontos preestabelecidos. É a demarcação do objeto da demanda.

107. As regras da pertinência, nada obstante, podem sofrer desvios na conduta das partes e do juiz. Esses ocorrem, entre outros motivos, por mero acidente (*accidens*): aplica-se uma regra geral a um caso particular quando o excepcional desse caso a torna inaplicável; ou na *ignoratio elenchi*, quando se prova uma questão estranha à *quaestio* discutida: prova validada, mas impertinente para a solução do litígio.

108. No processo romano formular, a qualificação das partes – autor, réu – dizia respeito à pertinência, assunto solucionável e decidível pelo juiz da causa na fase processual preparatória: "Nesta fase *in jure* eram examinados todos os pressupostos da ação ou do processo, e, como resultado desse exame, tinha o pretor o poder de denegar a ação, recusando a fórmula, ou de concedê-la, admitindo ou denegando qualquer *exceptio* oposta pelo réu" (Torquato Castro, *Teoria da situação jurídica no direito privado nacional*, p. 133).

Num sentido inteiramente diverso, a pertinência era, porém, um atributo da propriedade: "A propriedade não teve definição e, para indicá-la eram usadas expressões que significavam achar-se a coisa sob a *pertinência* de alguém: *meam est*; ou *in bonis esse, in bonis habere.* Lembra Bonfante que, para indicar propriedade, era próprio o uso do verbo *pertinere*; a relação do mero possuidor com a coisa era definida pelo verbo *tenere* ("*La possessio civilis e la possessio naturalis*", in *Scritti Giuridici*, cit., 3/537)" (Torquato Castro, *Teoria da situação jurídica no direito privado nacional*, p. 149).

6

SOBRE A JUSTIÇA ("DIKAIOSÚNE") E O DIREITO ("DIKAION")

I – A jurisprudência: ciência do justo e do injusto. II – O direito ("to dikaion").

I – A jurisprudência: ciência do justo e do injusto

> "Sem a arte não se faz Direito; e esta é a maior dificuldade de fazê-lo. Disso foram conscientes os romanos, o povo que, entre todos os demais, realizou as obras mais altas no campo do Direito e um deles o definiu *ars boni et aequi* (arte do bom e do justo) e outro explicou a jurisprudência como *divinarum atquae humanarum rerum notitia* (conhecimento das coisas divinas e humanas); é surpreendente que nem um nem outro tivesse confundido a jurisprudência com a ciência das leis..." (Carnelutti, *Como Nace el Derecho*, p. 101).

109. Que nos ensinam as fontes romanas, numa distante litania, sobre a ciência do Direito, então nomeada "jurisprudência"?

É ouvir, com ouvido atento, o extrato do *Digesto* – Livro I, *De Justitia et de jure*, frag. 10 (Ulpiano, *Libro primo regularum*): "Jurisprudentia est divinarum atque humanarum rerum notitia justi atque injusti scientia" (traduzo: "a jurisprudência é o conhecimento das coisas divinas e humanas e a ciência do justo e do injusto").

Em nosso ouvido moderno soa sem grandes ressonâncias – e até rejeição – essa velha fórmula romana para nomear a jurisprudência. As coisas do Direito não são mais ditas "jurisprudência". O seu sob-rogado moderno – a ciência jurídica – é o conhecimento de um sistema normativo e portanto do mundo do dever-ser – ao modo do positivismo de Kelsen. O Direito passa a ser havido como um instrumento tecnológico de controle social. As regiões materiais do jurídico (direito constitucional, administrativo, tributário, processual, civil etc.) são apreendidas com a visão do sistema: elas não passam de subsistemas normativos. É o império da segurança e sua proeminência sobre a justiça.

Só retoricamente a justiça é em regra levada em conta pelo direito moderno. E os autores contemporâneos sequer conseguem extrair da manifestação juspositiva da justiça – o princípio constitucional da isonomia (art. 5º, *caput*, e § 1º) – todas as implicações e virtualidades no sistema jurídico.

Não mais a ciência do justo e do injusto. Não mais o conhecimento das coisas divinas e humanas. Na origem das nossas instituições jurídicas romanas, as coisas divinas não eram adiáforas para o Direito. Como se manifestava, no entanto, a *rerum divinarum atque humanarum notitia*?

110. A um ouvido receptivo e atento às vozes sagradas da origem não escapa uma peculiaridade instigante da formulação literal do texto: as *rerum divinarum* são aí enunciadas antes das *rerum humanarum* de que se têm notícia (conhecimento). É a partir dessa *notitia* que o direito se instaura entre os homens. O conhecimento das coisas divinas nos é dado, aos juristas, para que saibamos distinguir esses campos. Que as coisas divinas não se misturam com as coisas humanas, o Messias o disse, na sua linguagem, atemporal e metahistórica: "Dai a Deus o que é de Deus e a César o que é de César". Não é da cura do divino a justa repartição das coisas exteriores, mas das "coisas" transcendentes que preparam e anunciam o advento do sagrado. Não tenhamos receio, contudo, de proclamar essa vizinhança entre o sagrado e o profano, que está em nossas origens romanas e por isso mesmo em tudo que nos concerne. Já que tenhamos ou não consciência disso, queiramos ou não, estamos, nós os modernos, impregnados indelevelmente do vigor persistente do *princípio:* no princípio era a grandeza e mais ainda – o mais grandioso na grandiosidade da ciência do Direito, a vetusta jurisprudência dos romanos.

111. Como no entanto entender o dualismo, que lhe é posterior, das coisas divinas e humanas? Há um extrato das *Institutas* de Gaio, Liv. II, §§ 2º e ss. (*Digesto*, Liv. I, tít. VIII, *frag.* 1) que logo socorre o nosso entendimento: "Summa itaquae rerum divisio in duos articulos diducitur: nam aliae sunt divini juris, aliae humani (...). Haec autem quae humani juris sunt, aut publicat sunt aut privatae (...)" ("Divisão principal das coisas: umas são de direito divino, outras de direito humano (...). As que são de direito humano são ou públicas ou privadas"). Note-se que, já então, o dualismo, que governa a ciência moderna, se manifesta em crisálida: as coisas ou são de direito divino ou de direito humano, e estas, públicas ou privadas.

112. Não cometamos este erro de distinguir demasiado, como aconselhava Rilke, que não era jurista, mas imenso poeta. Todavia não serão demasiadas algumas distinções essenciais no pensamento de Santo Tomás. Para ele, Direito (*jus*) e lei (*lex*) não se confundem. Até porque distinção não é dualismo. O fim do Direito é a justiça, "a coisa justa", "o que é justo". A lei não será necessariamente justa e a lei injusta não será, a rigor, lei. À lei (*lex*) incumbe particularmente "dirigir as condutas humanas". Em que consiste, então, a justiça do *jus*, objeto da justiça, para o aquinatense? Não a justiça geral, isto é, a soma de todas as virtudes, mas a justiça particular, que corresponde a uma justa repartição dos bens, obrigações e competências. Regra de ouro: *suum cuique tribuendi*, definidora da sentença do juiz ou do trabalho do jurisconsulto (cf.

Villey, *Archives de Philosophie du Droit*, 17/408: "Isso me parece o mérito capital de Aristóteles e do direito romano, o ter destacado o ofício dos juristas, uma necessidade de *conhecimento*, visando a *dizer* a repartição *justa* (*jurisdictio*): tarefa, principalmente, teórica" – rev. e v. cits., ibidem – os destaques são desse autor).

Fim da jurisprudência é, numa palavra, o justo – e nada mais.

113. Mas a jurisprudência é, desde os seus primórdios, um conhecimento de *coisas*. Como acentua Villey, partir das coisas (*res*) e da ciência das coisas, é sem dúvida uma grande "novidade", uma espécie de revolução corpenicana operada, na ciência jurídica, pelos romanos (cf. *Leçons d'histoire de la philosophie du droit*, p. 179).

Mas é a partir do conhecimento das *realidades* divinas e humanas que eclode a ciência jurídica romana (jurisprudência): um conhecimento do justo e do injusto. Na fórmula, o divino está para o humano assim como o justo está para o injusto. Só há conhecimento do justo no confronto dialético com o injusto. Só conhecendo-os é possível apartar o divino do humano. Os extremos se tocam.

No direito arcaico, o começo do começo, havia uma confusão entre o divino e o humano, pela via mesma da causalidade jurídica, esta se ocultava – como ensina Torquato Castro – no sacerdote, na mística dos deuses, dos manes ou entre os segredos da divindade (cf. *Teoria da situação jurídica no direito privado nacional*, p. 140).

114. Os juristas modernos geralmente só descortinam no Direito o abstrato e as abstrações: as relações jurídicas, o vínculo que elas entretêm, normas gerais (normas individuais, tidas, em caracterização imprecisa, como concretas, ficam em segundo plano), o sistema jurídico, o direito objetivo, o subjetivo, o functor deôntico. Se remontarmos à época romana, são manifestações do abstrato no Direito – *coisas*, mas coisas *incorpóreas*: não podemos tocá-las. Diz-se, hoje, que podemos identificar-lhes as implicações lógicas, sob o ponto de vista analítico de sua consistência (se não for de lógica formal ou logística que se trate); sua compatibilidade ou incompatibilidade recíprocas (são as normas "A" e "B" contraditórias?); sua coerência intrassistemática, ou, mesmo sua aplicação (lógica aplicada, isto é, metodologia).

É bem mais ambicioso o jurista romano. O *jus*, constituem-no, para ele, não apenas as coisas incorpóreas (*res incorporales*), mas também as coisas corpóreas (*res corporales*).

115. A coisa corpórea é expatriada no direito moderno. Qual é, no entanto, a razão desse desterro? Ouso conjecturar: a) primeiro, a visão do Direito – todo ele – como um dever-ser, algo consequentemente abstrato e, pois, incorpóreo; b) segundo, a radical separação entre o mundo do ser (*Sein*) e do dever-ser (*Sollen*), que permeia todo o direito moderno. Esse dualismo não é mero acaso na evolução do Direito. É uma consequência do próprio estilo de pensar moderno – que somente se move em dualismos (*infra*, § 151).

116. Mas o *jus*, concebido à maneira romana como *res*, é suficientemente abrangente, unificante e aglutinante de todas as coisas – *rerum humanarum atque divinarum notitia*, possamos ou não tocá-las (coisas corpóreas e incorpóreas).

Em conclusão, ouçamos com reverência a lição de Torquato Castro: "Gaio, nas suas *Institutas*, define como *jus* não só a *res corporales*, as coisas corpóreas que são objeto de atribuição jurídica, como a *res incorporales* – aquelas *quae tangit non possunt*. A criação dessa última classe, das *res incorporales*, permitiu a entrada no conceito de *res*, como objeto de atribuição jurídica, a 'coisas' idealmente configuradas, ou que não podiam ser conceituadas como pura materialidade. Como as primeiras, as coisas corpóreas, exprimiam a coisa em sua condição dada pela natureza, as segundas, as incorpóreas, eram ideais por serem criações do próprio direito. Destas, dizia Gaio que eram *res quae in jure consistant*. Tratava-se de coisas que devem a sua existência à invenção dos juristas" (*Teoria da situação jurídica no direito privado nacional*, p. 138).

II – O direito ("to dikaion")

Summum jus, summa injuria.

Digesto, Liv. I, tít. I (De justitia et jure). Ulpianus: "Jus est ars, boni et aequi (ut eleganter Celsus definit)"

"A quem vai trabalhar com direito é preciso primeiro conhecer donde procede esta palavra jus. É derivada de *justitia*: porque segundo a bela fórmula de Celso, o jus é a arte do justo (quer dizer: da proporção entre os bens e os encargos dos cidadãos – *aequum*) e do bom. É a razão porque alguns nos chamam sacerdotes da justiça: porque nós cultivamos a justiça; nós professamos o conhecimento do bom e da proporção equitativa, separando o justo do injusto." (Ulpiano)

D, I, 1, 10 (Ulpiano, *Libro primo regularum*): "Justitia est constans et perpetua voluntas jus suum cuique tribuendi" ("A justiça é vontade constante e persistente de atribuir a cada um o seu direito").

117. O *dikaion* é uma relação entre homens que habitam uma dada comunidade política – a *polis* grega. Relação não só entre homens, senão também entre homens e coisas: "Relação que pertine ao Direito dizer, na sua justeza, para que a justiça seja" (Janine Chanteur, *Archives de Philosophie du Droit*, 29/52). Essa relação nada tem contudo de arbitrária, nada de convencional, nada de pura e exclusiva opção do direito positivo: ela expressa uma ordenação natural na *polis*. É um outro nome do direito natural, já que, contra as pretensões do dualismo moderno, natureza/cultura, o homem é, por natureza, um animal social (Aristóteles). O jurista deveria retornar sempre a essa definição. E fazê-lo como num ato de contrição por uma infidelidade histórica. Assim entendido, o Direito está muito distante da sua concepção moderna como um ordenamento coativo: o Direito e as leis que o expressam, como ensinava Heráclito, o pré-socrático, deve ser defendido como as muralhas da cidade (*frag*. 44). Essa é a sua – para usar o dizer moderno – eficácia. A sanção não é aqui sequer levada em linha de conta.

118. *Dikaion*, em grego, é o Direito, mas também e conjuntamente o justo, adjetivo substantivado. Essa relação entre o Direito e o justo é guardada e preservada no alemão moderno: *Recht* (direito) está morfologicamente vinculado a *Gerechtigkeit* (justiça).

To dikaion (o justo) provém do adjetivo *dikaios*: este diz-se do homem justo, tabernáculo da justiça. *To dikaion* indica não dever-ser, mas um *ente*: objeto da justiça, da atividade do homem justo, e o termo dos esforços do juiz: *to dikaion é* o justo (*id quod justum est*), a "coisa justa" (*res justa*) (Villey, *Le droit et les droits de l'homme*, p. 48). A virtude da justiça é nomeada em grego *dikaiosune*, que Aristóteles estuda no 5º Livro da(s) *Ética(s) a Nicômaco*.

119. A justiça é a justa repartição de bens e encargos entre os membros da *polis*. A justa repartição não é necessariamente um igual (*ison*), mas uma proporção (*analogon*). De qualquer sorte, trata-se de uma relação, a de repartição das coisas exteriores. A sua significação subjetivada, a parte de cada um (os direitos individuais ou subjetivos dos modernos), é simplesmente derivada daquele sentido originário e primordial do *dikaion*. Modernamente o direito subjetivo é ora entendido como um interesse juridicamente protegido (Ihering), ora como poder da vontade reconhecido ao indivíduo pela ordem jurídica (Windscheid), ora como a faculdade de acesso ao Judiciário para provocar a aplicação jurisdicional coativa da sanção prevista na ordem jurídica (Kelsen).[13] Nada mais distante do sentido original do *dikaion*.

120. A igualdade é um outro nome da justiça. Os que não têm receio do passo atrás na busca das origens dirão que, para Aristóteles, o direito é uma espécie de igualdade (*to ison*). "Porém" – a advertência é ainda de Villey, que tanto nos socorre na interpretação do *dikaion* grego – "os matemáticos

13. Em nota de rodapé, Misabel Derzi oferece-nos adequada exposição do pensamento kelseniano em tema de direito subjetivo: "Kelsen admite que se fale de direito subjetivo restritivamente, como a norma jurídica em relação com aquele indivíduo que deve expressar sua vontade para efeito de sanção (...). O autor da ação, segundo Kelsen, desempenha papel importante, na produção do direito, pois a sentença não será proferida sem o exercício da ação. Só nesse sentido, Kelsen admite o direito subjetivo, vale dizer, aquele a que corresponder uma ação." (*Direito Tributário, Direito Penal e Tipo*, p. 83).

na Grécia não têm a aridez dos nossos; eles eram ávidos de beleza. O termo *ison* é melhor traduzido pelo latim *aequum, aequitas*, medida adequada, justa proporção" (*Le droit et les droits de l'homme*, p. 50).

121. Que essa proporção – o seu de cada um –, a sua medida, não seja previamente determinada ou determinável não se deve estranhar. O *suum cuique tribuere*, a cada um o seu, move-se no território da arte jurídica. É uma arte de repartição de coisas exteriores. Só a opção moderna pela sistematização permite obscurecer esse fenômeno. É sobretudo ao juiz que incumbe exercer essa arte no caso concreto, sob a inspiração da prudência (jurisprudência). A fórmula não pretende, então, quantificar a justa parte de cada um. O que não lhe retira os méritos imperecíveis.

122. A justiça aristotélica se exerce em duas circunstâncias da vida social: a) ela é dita *distributiva*, isto é, a repartição dos bens, legalmente operada por ele próprio, o juiz (*dikastês*); b) ou se nomeia *comutativa*, que atua pelas transferências (os modernos diriam: circulação) de um patrimônio a outro (*sinalagmate*). Mas a expressão "justiça comutativa" é objetável, porque o comerciante, não o juiz, faz a troca – ensina-o Villey (*Le droit et les droits de l'homme*, p. 51), que a seguir acrescenta: "Quer se compre mercadoria a um sábio ou um louco, a um milionário ou mendigo, o preço seja o mesmo. Em matéria de 'comutações' o *dikaion* seria uma igualdade simples, 'aritmética' diz Aristóteles".

Pois bem: o *dikaion* é em si mesmo coisa. No processo judicial, incumbe ao ofício do juiz descobri-lo (*juris-dictio*). E o método próprio para essa descoberta é a dialética: diálogo regrado entre as partes do litígio.

123. Mas a análise aristotélica de *dikaion* não estanca aí: é preciso acrescer-lhe a medida, o *meson*: termo que iluminará o método próprio da ciência do Direito. O Direito é *objeto*, situa-se nas coisas mesmas deste mundo, que Aristóteles chamava de *sublunar*. Esse método é a dialética, a confrontação de exemplos e/ou de opiniões adversas: o *dikastês*, o juiz, encontra aqui o seu campo de atuação, o lugar onde deve ser exercida a sua arte: dar a cada um o seu. Pode-se, então, legitimamente, isto é, com inteira pertinência, assim nomear o processo judicial: "dialética judiciária".

124. Aqui se manifesta, em toda a sua clareza, a atribuição que incumbe ao juiz proceder: é a de uma *res*, uma coisa externa, um objeto; essa atribuição impõe uma distribuição. E, entre as coisas a serem repartidas, incluem-se as *penas* (Villey, *Le droit et les droits de l'homme*, p. 95).

Uma apreciação inteligente do *dikaion* logo revela que estamos a anos-luz de distância da concepção moderna do direito subjetivo, como um interesse juridicamente protegido. O direito não é um interesse, algo atrelado a um sujeito (*sub-jectum*), mas uma coisa exterior ao interior da subjetividade individual. Nem, tampouco, um poder da vontade. É uma relação, uma coisa, que sinaliza muito mais para os *deveres* sociais (*honeste vivere, alterum non laedere*) do que para os direitos subjetivos, cuja exacerbação é herança do individualismo moderno. Não, porém, qualquer coisa, mas a *res justa*, o conteúdo da justiça (Santo Tomás). A justiça que, segundo a velha fórmula romana, é a vontade constante e persistente de dar a cada um o que é seu.[14]

125. A analítica da linguagem, por suposto jurídica, só pretensamente, isto é, na ordem das intenções, é uma investigação moderna. Aristóteles, insuperado, já a praticava e é nele que buscamos sustentáculo para esta meditação em torno do jurídico. Literalmente: um retorno às origens da meditação sobre o Direito e a justiça.

Justiça (*dikaiosúne*) implica, em contraposição de contrários, o seu oposto, a injustiça (*adikia*). A terminologia é guia seguro para alcançar "as coisas mesmas" (*Zu den Sachen selbst*), como estimaria a consigna husserliana. É preciso que o

14. O termo *contínua* não poderia fornecer senão francamente o sentido do adjetivo *perpétua*. *Perpetuus* significa, na maioria das vezes, o que dura tanto tempo quanto dura o ente ou objeto do qual ele é o epíteto. Assim, a virtude da justiça, no homem, deve durar toda a sua vida – ensina-o Felix Senn (*De la justice et du droit*, p. 2, nota 2).

juiz saiba discernir o justo do injusto. Por exemplo, nada mais injusto que, sob aparência de exercitar uma justiça formal, substancialmente tratar igualmente os desiguais: *summum jus, summa injuria*. Por isso diz-se, com razão: tratar igualmente desiguais é mascarar injustiça, ou seja, desigualdade.

126. Mas é de justiça particular que se trata (justiça no sentido estrito), justiça comutativa ou distributiva, não da justiça dita geral, a soma de todas as virtudes, a serviço da ordem total e da harmonia universal, e a observância de todas as leis morais. A polissemia do termo o ressalta (cf. Villey, *Le droit et les droits de l'homme*, p. 93). A jurisprudência, já ensinava Ulpiano, é a ciência do justo e do injusto: *justi atque injusti scientia* (*frag.* 10).

127. Evidentes portanto os vínculos entre Direito e justiça, nos primórdios da meditação sobre o jurídico: *jus a justitia apellatum* – vinculação que se traduz, quando muito menos, num parentesco.

Só o romantismo tardio – e equivocado – dos autores modernos pretende identificar parentesco nas relações, de *jus* com *jussum*, de *jubeo*, ordeno, *jubere* ordenar: a estrada que conduziu ao positivismo jurídico, o direito como um complexo (um "sistema") de normas positivas e, as normas jurídicas eventualmente, havidas como *comandos* emitidos pelo legislador. Contra esse positivismo jurídico reducionista – que só vislumbra Direito onde há norma positiva, é necessário um *antídoto*, como preconiza Villey. Desnecessário ressalvar que essa crítica não se dirige ao positivismo epistemológico, não redutor, que, por um seccionamento teórico, circunscreve e limita o seu ângulo de abordagem às normas jurídico-positivas e ao ordenamento jurídico.

128. A ciência do direito gravita, toda ela, em torno do justo. O problema da justiça é ineliminável das ocupações e preocupações de um jurista digno desse nome. Pois a justiça não é, para o direito, um "valor" qualquer, que indiferentemente devesse o ordenamento jurídico contemplar ou não.[15]

15. "Dentre todos os conceitos filosóficos" – adverte, porém, Giuliani – "o da justiça é o mais vizinho a conotações emotivas, subjetivas. Sobre o influxo do cientificismo,

Em linha de hipótese, o problema da justiça pode vir a ser desconsiderado pelos juristas, rebaixado a mera curiosidade arqueológica. Como se fora vestígio de civilização antiga irremediavelmente desaparecida. Pode a justiça ceder terreno para a técnica (a dominação planetária da técnica, que Heidegger denunciou). Degradado o Direito a um saber tecnológico, ao pensamento tecnomorfo (Konrad Lorenz), prevaleceria um subproduto seu, a segurança jurídica mesmo com injustiça. Reduzido o Direito a um simples instrumento de controle social ou "processo social de adaptação" (Pontes de Miranda). Mas, assim sendo, a vetusta jurisprudência, o saber dos prudentes, condenada às trevas de irreversível decadência, se retrairia no esquecimento.

o pensamento contemporâneo acabou por considerar o problema da justiça *meaningless*, ou seja, sem sentido, abandonando-o ao domínio da irracionalidade e da emotividade" (*La definizione aristotelica della giustizia*, p. 33).

7

A DIALÉTICA NO PROCESSO JUDICIAL

I – Da dialética ao processo judicial. II – Direito material "versus" direito processual. III – Sobre o juízo e o direito judiciário. IV – Na origem era o direito judiciário – só. V – E a jurisdição – o que é?

I – Da dialética ao processo judicial

129. "Diálogo" é gênero de discurso, mais que isso, sua forma inaugural; diálogo que inclui como espécie a "dialética". A relação entre diálogo e dialética dá-se entre continente (o diálogo) e conteúdo (a dialética). Deveras: fazemos diálogo espontâneo, todos os dias, em nossas relações familiares, civis e políticas. A dialética é, também ela, diálogo. Não o diálogo desregrado do cotidiano, mas o diálogo submisso a regras que demarcam seu campo de atuação e, entre essas, a da pertinência. Não qualquer diálogo portanto: dialética, diálogo regrado. O diálogo é um atributo da existência humana. O homem é na medida em que o é *em palavra*. Como dizia admiravelmente Pascal, "o homem é um caniço: o mais frágil da natureza, mas um caniço pensante." (*Pensées*, I/6): "L'homme n'est qu'un roseau, le plus faible de la Nature, mais c'est um roseau pensant" (sobre o notável movimento dessa frase, que acentua antes a precariedade da condição humana – caniço – e reserva para o fim da revelação da grandeza do homem – "caniço pensante" –, v. Jean Guitton, *Nouvel art de penser*, p. 126-127). Mas o pensamento humano se exterioriza pela palavra. Não porém o solilóquio do pensador consigo mesmo. Não somos apenas em palavras: *somos em diálogo*, um *logos* exercido a dois, um dizer de um "com" e "para" o outro.

130. Em Direito, a dialética se manifesta no processo. Com a ressalva de que não se dá, essa manifestação, no plano da doutrina processual. Ela se instaura no campo normativo (CF de 1998, art. 5º, inciso LV); "Aos litigantes, em processo judicial ou administrativo, e aos acusados em geral são assegurados o contraditório e ampla defesa, com os meios e recursos a ela inerentes". Sem contraditório, nenhum processo – é já uma determinação constitucional. Uma vez posta em estado de questionamento (*quaestio juris et facti*) e recortada a questão pela regra da pertinência, o processo governa o seu movimento dialético pela audiência das partes (*audiatur et altera pars*), princípio modernamente denominado do "contraditório" ou, como o faz Arruda Alvim, "princípio da bilateralidade da audiência" (*Código de Processo Civil comentado*, I/55 e ss.).

131. Um objeto determinado para cada demanda porém (*ponere causam*): a partir daí se desenvolve um drama de múltiplos personagens, inclusive uma parte imparcial, "terceiro desinteressado" – o juiz, a quem incumbe a condução do processo até o seu final (*concludere*). Pela regra de pertinência, cujo guardião é o juiz, devem as partes ater-se ao objeto do litígio. E porque o processo é um diálogo regrado, rege-se pela dialética. É um diálogo *canônico*, submetido a cânones – as regras processuais. E porque submissas a cânones processuais, as relações entre as partes no litígio podem ser havidas como "deveres de comunicação". O juiz como guardião do diálogo e as normas processuais como aplicação de uma particular *canônica do diálogo* (Francis Jacques).

132. O litígio processual desdobra-se em questões diversas. A primeira delas é a *quaestio disputata*, a disputa entre os litigantes relativamente à aplicação de uma norma a um caso concreto de herança, tributo, dívida civil etc. A segunda, a *quaestio legitima*, a oposição sobre a aplicação de diferentes leis (ou, mais amplamente, normas) a um mesmo caso concreto, por exemplo, deve-se aplicar a norma ("A") autorizativa ou a norma ("B") proibitiva? Na *quaestio disputata*, desconhece-se, no seu estádio inicial, qual a norma aplicável ao caso. Na *quaestio legitima* opõem-se leis diferentes a serem aplicadas ao caso. Das duas hipóteses resulta, porém, um debate jurídico. Há ainda uma terceira situação, aquela em que, não havendo regra preestabelecida para resolver o caso, faz-se mister *inventar*, no sentido de "descobrir" a regra jurisprudencial, uma nova regra, que não contradiga as regras já existentes (cf. Francis Jacques, *Archives de Philosophie du Droit*, 29/16).

133. Qual o papel do juiz no processo? Não o de, pela decisão ofertar uma solução apenas tecnológica, insensível às relações da vida e ao drama do Direito, como alternativa incontornável para o viver em sociedade ("viver é conviver", ensinava Icilio Vanni e o Prof. J. J. de Almeida repetia, nas velhas aulas de "Introdução à Ciência do Direito"). O juiz deve determinar uma partição: uma repartição de bens, função da justiça distributiva: *suum cuique tribuere*.

134. A caracterização do juiz como árbitro dos interesses em conflito recorda a consideração da dialética processual como um jogo. Mera analogia, que até amesquinha a dignidade da função jurisdicional. Quando muito, serve para evidenciar que o processo se assemelha a um jogo, porque, como o jogo, é submisso a regras. Não o diálogo espontâneo e insubmisso a regras do linguajar cotidiano. Não será por outro motivo, essas regras "lúdicas" estão submetidas a uma "arbitragem", a decisão. Não um jogo sem árbitro e sem arbitragem. A analogia não vai contudo além disso.

135. A verdade processual não é uma verdade por correspondência da proposição descritivo-explicativa (doutrinária) com a proposição prescritiva (norma). É sintaticamente uma adequação, relação de correspondência/concordância entre normas. É dizer: adequação entre sentença e a lei processual.

Adequação, portanto, entre normas de âmbitos de validade pessoal (geral, individual) diversos. Essa correspondência internormativa é sempre efetiva no modelo kelseniano, porque a norma superior (a lei processual) é simples moldura ou leque de interpretações. Alternativas de aplicação entre as quais deve a norma inferior (a sentença) – embora necessariamente isso não ocorra – inclinar-se pela mais razoável. No plano jurisprudencial esse fenômeno mostra-se claramente visível no enunciado 400 da Súmula da Jurisprudência predominante do STF: "Decisão que deu razoável interpretação à lei, ainda que não seja a melhor, não autoriza recurso extraordinário pela letra "a" do art. 101, III, da Constituição Federal".

Mas, no leque de opções interpretativas que lhe é ofertado pela norma, é dever do intérprete optar pela que lhe pareça mais conforme a justiça – a justa solução da controvérsia.

136. Contudo, a sentença não corresponde *sempre* ao ato ou fato sobre os quais ela deveria recair, por incidir sobre eles a lei processual. Sentenças há que declaram atos ou fatos concretamente inexistentes ou que existiram diversamente do que fora formalmente declarado pelo ato sentencial. Não há, pois, correspondência absoluta entre incidência e aplicação do Direito. Lei que incidiu pode não vir a ser aplicada judicialmente. Em qualquer dessas hipóteses, a ordem jurídica dá o remédio: os recursos processuais, prolongando e restaurando a discussão dialética.

137. Se porém a situação de fato, existencial e concreta, aqui e agora, subjacente à norma processual, não for tempestivamente esclarecida, pode ocorrer uma causa extintiva ou excludente da própria relação processual. O que sucede, por exemplo, nas hipóteses de prescrição da ação (direito processual penal) ou de prescrição da pena ou extinção da punibilidade (direito material penal). Prevalece, em hipóteses que tais, o primado das trevas sobre a claridade. E se confirma o enunciado: a verdade jurídica ama ocultar-se. O processo é clareira aberta e que se oferece à luz, sob as matas copadas da ocultação originária. Os atos processuais tendem, no fundo, a desobstruir a via para a verdade de fato. Cada ato processual é como uma réstia de luz que penetra na clareira margeada pela densidade da floresta, onde se abriga a escuridão, porque a luz mal consegue atravessá-la. E é sempre possível retome a floresta o sulco nela aberto: *Gaia*, a mãe-terra, tem poder de autorregeneração. Porque a natureza ama ocultar-se, a vitória da ocultação sobre a desocultação é, portanto, alternativa sempre presente. De certo modo, só ocultando-se no que, em seu sentido, ainda não foi interpretado (e, pois, desvendado) o direito se preserva. A intimidade do ordenamento jurídico é oculta.

138. Mas a *quaestio* processual somente é possível porque o diálogo se instaura num estado de ocultação inicial (velamento do sentido) da ordem jurídica. Desvelamento é desocultação, uma vitória sobre as trevas do indeterminado: sobre o oculto nas dobras (plicas) do ordenamento jurídico e por isso *in-explicado*. A interpretação é sempre um *explicare*, um desdobrar o sentido originalmente velado pela ordem jurídica. O *suum cuique tribuendi* somente se manifesta à luz do entendimento humano pelo fenômeno do desvelamento. Assim como a natureza, também o Direito ama ocultar-se. Toda interpretação é uma lâmpada de Diógenes à procura do justo. E nenhuma aplicação do Direito é possível sem prévia interpretação (sobre o ato de aplicação, o nosso *Ciência feliz*, p. 142-144).

139. O papel do juiz confunde-se, pois, no processo com a atribuição de uma partição (Que parte da coisa litigiosa corresponde ao réu e, em qual proporção, ao autor? Como repartir o quinhão de cada um?). Pela sentença, ensina-o Villey: "Os solilóquios de um pensador centrado como Descartes sobre seu eu não poderiam conduzir à descoberta de tal relação" (*Philosophie du droit*, II/50). Só a dialética, pela submissão das partes e juiz às normas processuais, pode atingir esse desiderato. O direito material, pela dialética, nasce do processo. Nada que se compare à epidérmica concepção instrumental do processo. O processo como instrumento de atuação do direito substantivo. Pecados contra a inteligência dos dualismos modernos – violência de camisa de força contra o próprio pensamento jurídico.

140. Processo deriva etimologicamente de *procedere*, originalmente *andar adiante*; julgar é um andar adiante, o pensamento procede como o corpo caminha – ensina-o Carnelutti (*Diritto e processo*, p. 17). Buscar a etimologia, a origem das palavras, não é porém simples diversão ociosa, um mero *otium cum dignitate*. Não se trata de "curiosidade arqueológica" (Villey), mas de um intento de identificação do que as palavras têm de mais grandioso – a sua significação originária. No início é a grandeza. E a grandeza do que as palavras pretendem elas próprias significar. Na origem, o mais grandioso. Muito antes portanto da corrosão provocada pela sua manipulação descuidada do dia a dia e da prática jurídica reiterada. Paradoxalmente a reiteração, ao longo do tempo, operada na prática jurídica, cobra sempre um magno preço à arte do Direito: a sua decadência e a perda do terreno para o sistematismo e a sistematização.

141. Um ato sentencial é a conclusão do processo (*concludere*). Esse ato de "fechamento" encerra a discussão dialética no processo. Os modernos nomeiam, a esse efeito, *preclusão*: insuscetibilidade de recursos, efeito típico da coisa julgada (*res judicata*), que pode, no entanto, ser atacada em ação rescisória. O movimento processual estanca dialeticamente com a sentença do juiz (*lato sensu*: juízes singulares, tribunais etc.). Concluir provém etimologicamente de *concludere*, encerrar, fechar a disputa (processual, no caso). Não apenas a supervisão do processo, velando o juiz pela regra da pertinência no comportamento das partes: seu ofício é principalmente formular, pela sentença, as conclusões da disputa.

142. O processo é depositário de um incomparável legado, porque a dialética, como originariamente concebida – arte do diálogo regrado –, só persiste, hoje, no direito processual positivo. Dito mais precisamente: o processo (seja civil, penal, trabalhista, administrativo, tributário etc.) é a única província normativa do Direito que abriga a dialética como uma *conditio sine qua non* para a aplicação de suas normas. E essa exigência já se instaura no nível constitucional (CF de 1988, art. 5º, inciso LV). Sem partes litigiosas (autor, réu) e a parte imparcial (juiz) nenhum processo. O antagonismo de posições das partes não é obstáculo à dialética, antes a viabiliza. A dialética não é a morada do consenso, mas do diálogo regrado. O entrechoque de opiniões é, também ele, diálogo.

143. A dialética como método é, modernamente posta em exigência na linguagem-objeto, a do complexo de normas de direito positivo, constitucional e infraconstitucional, que versam sobre matéria processual. Não se instaura, portanto (ainda com a licença do dizer moderno), na metalinguagem doutrinária descritivo-explicativa desse objeto de conhecimento. Até porque, nesse plano, a dialética não tem, atualmente, hora nem vez em domínio algum do Direito – sequer no direito processual. O especialista em algum ou vários "ramos" do Direito – campo da dogmática – *pensa em monólogo* e mesmo em *solilóquio* consigo mesmo. Monólogo, como a palavra originariamente indica, é o *logos* (conhecimento) de uma só pessoa. Solilóquio – já ouvimos – é o diálogo do pensador consigo mesmo.

A própria dialética, no seu sentido derivado (tese, antítese, síntese), não escapa a esse paradigma de trabalho intelectual. A tensão entre esses três estados não é sindicada fora do pensamento solitário de alguém isolado em seu gabinete de estudo. Assim foi essa dialética concebida e difundida por Marx e Hegel (*supra*, §§ 50 e 51).

144. É bem verdade que algumas publicações doutrinárias assumem autoria plural de estudos sobre temáticas mais ou menos delimitadas. São as clássicas coletâneas, estudos jurídicos "em honra de", "em memória de" e outros, de autoria múltipla. Mas aí não se trata, a rigor, de diálogo, e muito menos diálogo regrado, ao contrário do que ocorre com as normas processuais. É, quando muito, um "diálogo de surdos", em que um participante desconhece a contribuição do outro e, mesmo conhecendo-a, a desconsidera, na busca de sua própria afirmação pessoal. É a frustração institucional e organizada do diálogo. A demonstrar, também por essa via, que não estamos mais na época dos diálogos de Platão... E a evidenciar que a dialética é juridicamente uma investigação (arte) esquecida. A lógica dialética não encontra morada na casa do Direito e da justiça, como modernamente construída. Só a lógica do monólogo, sobretudo a lógica deôntica. Só, numa palavra, a monológica.

145. Mas o processo judicial é em si mesmo arte, antes que sistema, busca da verdade jurídica, antes que teoria. E se como teoria fora abordado, tratar-se-ia, dialeticamente, neste trabalho, de teoria geral do processo e não de teoria processual especializada: processo civil, penal, administrativo, fiscal etc. Pretende-se estudar a dialética como instaurada no processo *tout court*, o processo em geral. Nada que seja apanágio de uma disciplina processual especializada. E que ela possa questionar e resolver com as suas próprias forças. E o ato de aplicação do Direito – não é ele também dialético? Seguramente sim, porque é ele, enquanto *factum*, o ponto terminal de um procedimento dialético, de um *fieri*.

146. O Direito é, primordialmente, a arte de dar a cada um o que é seu: é a justa repartição das coisas na conveniência social. E isso, só um processo jurídico (judicial ou administrativo) assegura. Retamente entendido, o processo é via para a justa distribuição dos bens. Sem processo, nenhum direito material (permita-se a concessão ao estilo dualista: material/formal). A relação processual é, portanto, primária e inaugural. A relação entre o processo e o direito material não é uma relação de instrumento (o processo) e coisa instrumentada (o direito material). Tampouco uma relação de meio, o processo, para a realização de fim determinado: o direito substantivo, isto é, o primado da ordem jurídica. São, ao contrário, os outros ramos do Direito que se põem a serviço do processo (no sentido amplo: processo + procedimento) para a efetivação do Direito. Aí não se instaura uma relação passível de mútua conversão, onde o direito processual poderia, indiferentemente, ser havido como instrumento de atuação do direito material e *vice-versa*. O processo não deve então ser entendido como meio para a realização do direito material. Ao direito material, esse, sim, incumbe – somente se e enquanto aceito como bom e firme esse dualismo – efetivar o processo. Sem processo, nenhuma repartição das coisas exteriores, finalidade primordial, e não derivada do *jus*, que nos legou a lição de Roma, o berço do nosso direito moderno.

Não se trata, porém, de uma "quase-dialética", ao contrário do que sugere Villey (*Philosophie du droit*, II/67 e 69). Se o fora, nem seria, a rigor, dialética. Na medida em que o pensador solitário escuta atentamente o pensar alheio e dele se faz porta-voz, faz *dialética*. Tomar em consideração eventuais objeções é sempre um procedimento dialético. Um estilo de pensar dialético. Pensar "com" ou "contra" a opinião de outros pensadores.

II – Direito material "versus" direito processual

> "A verdade, essa verdade de que veremos a cara se somos dignos, enquanto agora não podemos vê-la senão refletida no espelho, é a unidade, não a divisão" (Carnelutti, *Arte del derecho*, p. 120).
>
> "O contrário de natural não é artificial? À natureza se opõe juntamente a arte. A arte se junta à natureza para enriquecer o mundo. E enriquecer o mundo é a tarefa do homem. O legislador, como o pintor com seus quadros ou escultor com suas estátuas, executa essa tarefa com suas leis" (Carnelutti, ob. cit., p. 43).

147. Não se verificava, no direito romano, a contraposição dualista entre direito material (*jus civile*) e direito processual (*actio*). A razão é até extremamente simples: o que hoje se nomeia direito material não era senão uma criação do processo.[16] Nascia no seio da *actio*. Não existia antes o direito material e depois o direito processual, que apenas o aplicasse. Como acentua e adverte, sobre o *jus civile* do período clássico, Torquato

16. "Segundo a análise dos filósofos gregos, começa-se a falar do Direito ali onde as partes estão em desacordo (ou, no caso do direito penal, um particular com a cidade); quando surgem processos. Antes da lei é o *processo*. O direito nasce no momento em que os homens envolvidos num conflito, ao invés de esvaziá-lo pela força, se remetem à *palavra*; quando a palavra é estabelecida 'no meio' dos homens torna-se 'meio' da paz e da ordem (Aristóteles)" (Villey, *Philosophie du Droit*, II/20).

Castro: "Foi, sim, obra de *jurisprudentes* que, sem dependência de textos escritos (Pompônio, *Dig.*, 1.2.2.12), trabalharam sobre o particular concreto, isto é, sobre a *causa* (como era chamado o conjunto de fatos e elementos relevantes para a espécie decidenda), para elaborarem por via dialética a *norma situacional*, concretamente ajustada à própria *causa*. E esta, no caso, outra não era senão a causa no sentido judiciário" (*Teoria da situação jurídica no direito privado nacional*, p. 116).

148. O papel desses jurisprudentes? Circunscrever a causa, pela regra da pertinência, nos estritos limites da sua admissibilidade: um *decisum*, que se identificava com a *fórmula*, conferia ao *judex* o poder de decidir não sobre um "direito subjetivo", abstrato, imponderável, mas sobre uma *coisa* – a *res* demandada, objetivamente extraída da vida social, uma coisa "externa": *si paret, condemnat, si non paret, absolvit* (cf. Torquato Castro, *Teoria da situação jurídica no direito privado nacional*).

149. Nenhuma distinção, no direito romano clássico, entre direito material e direito processual. Essa distinção é tardia e derivada. Produto do estilo de pensar moderno: a via moderna. Significa o mesmo afirmar que, durante muito tempo, a ciência jurídica pôde perfeitamente prescindir dela. E, se o seu aparecimento não corresponde a uma ruptura radical com o conhecimento preexistente, em progresso efetivo nos estudos processuais, esse descompasso é um indício que claramente sinaliza para a *inautenticidade* dessa distinção moderna. Dela resultou apenas a consideração do processo como um instrumento de atuação e aplicação do direito material. Como se fora um direito de segunda classe. Por que então reverenciar essa distinção em nome tão só de um apego à modernidade teórica? Muito estranha e surpreendente a identificação entre doutrina moderna e melhor qualidade teórica no contraste com o legado da tradição.

150. Pode-se até dizer do processo romano formular: direito material/direito processual: o mesmo. O direito material somente surgia com a decisão do *judex*, estabelecida previamente pelo pretor, com a *fórmula*, os limites de admissibilidade da demanda. Consequência: as posições materiais somente eram definidas na intimidade da própria *actio*.

Por isso é que Schulz concluiu com razão que o direito privado clássico foi, entre os romanos, um "direito de ações" (*Derecho romano clásico*, p. 11): era por meio do direito das ações que se descobria o direito material. "Os juristas clássicos – acrescenta ele – não se ocupavam tanto dos direitos e deveres subjacentes a essas ações, quanto das condições em que pode dispor-se de uma ação e da reparação que com ela pode obter-se".

Nada que corresponda à contraposição dualista moderna entre direito material e o direito processual. E muito menos ao caráter "instrumental" ou "adjetivo" que hoje reveste os estudos da ciência do processo. A *actio* romana era um conceito apreensível no plano do direito material. Windscheid, no século passado, sustentou que a *actio* romana era um conceito do direito material, a pretensão (*Anspruch*) material (a respeito, Torquato Castro, *Teoria da situação jurídica no direito privado nacional*, 119).

151. Como o pensar filosófico, o pensamento jurídico moderno ama os dualismos: natureza/cultura, natureza/história, natureza/sociedade, ser (região do ôntico)/dever-ser (região do deôntico), direito público/direito privado, direito objetivo/direito subjetivo, direito interno/direito internacional e, naturalmente, direito material e direito processual. Ao lume de palha desses dualismos colocam-se a contraposição entre direito natural e direito positivo e a distinção entre normas de conduta e normas de organização, hoje em moda, e que são tratadas por Bobbio, não sem motivo, sob a denominação "as grandes dicotomias" (*Dalla struttura alla funzione*, p. 123 e ss., 145 e ss.).

Acentua porém Nélson Saldanha que "o binômio natureza/cultura só adquiriu vigência depois do neokantismo, e seria impossível encontrar essa ideia no século XVIII" (*O jardim e a praça, o privado e o público na vida social e na história*, p. 36).

Acrescenta o professor pernambucano os seguintes esclarecimentos sobre o dualismo direito público/direito privado:

"A vigência da dicotomia direito público-direito privado varia conforme os contextos históricos. Certos autores têm observado que, na Idade Média europeia, vale dizer, durante os séculos em que prevaleceu o feudalismo, aquela dicotomia praticamente inexistiu. Teria havido então um predomínio das estruturas privadas – laços pessoais, fidelidades pessoais –, ou então uma espécie de misto ou meio-termo, em que o poder do 'senhor' feudal, com sua família e seu *entourage* privado, era ao mesmo tempo um poder genérico e institucional" (*O jardim e a praça, o privado e o público na vida social e na história*, p. 42).

152. Essa tendência para o dualismo tem raízes antigas: os pagãos encontraram no universo a oposição entre o úmido e o seco, o frio e o quente, o ar e o fogo (Lawrence, *Apocalipse*, p. 42).

Contudo, nas origens da Filosofia, esse dualismo era impressentido e desconhecido, antes se prescindindo implicitamente dele. Para Aristóteles, em texto já referido, o homem é, por natureza, um animal social. Aí não se contrapõe o dualismo natureza/sociedade. Esse dualismo é antes reconduzido à unidade. Luminosa concepção, tanto mais grandiosa quanto mais se considere que ela vigora imperante há milênios e está na origem do pensamento ocidental.

Esse dualismo, na aparência inócuo, possibilita o progressivo distanciamento, até a ruptura praticamente total, entre o direito e a justiça. Na origem, direito e justiça eram termos coimplicados.

153. Na alvorada romana do pensamento jurídico ocidental, a contraposição direito material/direito processual não se verificava: o direito "material", como ensina Carnelutti, estava quase totalmente envolto no direito processual. A visão moderna do processo como instrumento do direito material tem raízes históricas identificáveis: ela se interpõe quando a figura do juiz perde, em prol do legislador, o primado na cena do Direito, na sua evolução mais tardia. É, pois, um fenômeno ligado ao desprestígio da arte judicial (*Arte del derecho*, p. 69). E reflexamente da própria dialética, onde a atividade judicial se manifesta – acrescento.

154. Todavia algum resíduo de dualismo, muito limitado, é encontrado no *jus civile* romano. As *Institutas* de Gaio (III, 88) introduzem a "discutidíssima dicotomia *ex contractu* e *ex delito* das fontes das obrigações em direito romano clássico: *nunc transeamus ad obrigationes, quarum duas species diducitur: omnis obligatio vel ex contractu nascitur, vel ex delicto*" (ou, em vernáculo: "agora transitamos nas obrigações das quais duas espécies são dedutíveis: toda obrigação nasce ou do contrato ou do delito") (v. Torquato Castro, *Teoria da situação jurídica no direito privado nacional*, p. 157-158).

155. Como no entanto se comporta a moderna ciência do processo? Agasalhando a distinção tardia entre direito material e direito formal. Um corifeu dessa corrente é Schönke (*Derecho procesal civil*, p. 14): "No processo civil, discute-se e resolve-se acerca de um conflito de um direito civil. Os preceitos que regulam o procedimento são chamados direito formal, opondo-se-lhes, como direito material, todos os que afetam o conteúdo substantivo da decisão".

Hoje, o direito judicial é predominantemente enfocado como processo, em seus desdobramentos por regiões normativas autônomas: assim, processo constitucional, civil, penal, trabalhista, tributário e mais amplamente processo administrativo e judicial. Mas a palavra "processo" (do latim *processu(m), processus*) invoca apenas uma sucessão itinerária de atos – os denominados atos processuais – sequenciados, porque se seguem uns aos outros na ordem temporal. Proceder é, nesse sentido, agir, atuar, obrar. Mas proceder é também submeter-se a normas processuais. A visão tecnológica do processo – aspecto particular, é claro, da visão tecnológica do Direito – coloca o processo a serviço do direito material. Uma técnica de concretização do "direito objetivo". Conceda-se: poderia haver outra consequência desse regramento normativo processual, mas essa foi a que, efetivamente, na sua evolução, se impôs.

156. A distinção entre processo administrativo e judicial nada esclarece quer sobre a precedência, quer sobre a proveniência histórica de um ou do outro. É estilo de pensar em dualidade. Logo, a questão decisiva da origem – decisiva porque condiciona o desdobramento histórico-evolutivo – lhe é indiferente e, mesmo, irrelevante. Ela nada acrescenta à riqueza semântica inexcedível do vocábulo "juízo" (*judicium*), o dizer o Direito, porque o Direito é coisa que o juiz declara.

157. *Judicium* (*jus dicere*) é coisa que, no processo, seja judicial ou administrativo, se diz. A distinção entre instância julgadora administrativa ou judicial decorre de simples divisão de um mesmo trabalho – o de dizer o Direito. Matéria de competência administrativa ou judicial. Também a decisão administrativa – monocrática ou colegiada – *jus dicit*, declara o Direito numa relação contenciosa. Desse modo atua o processo administrativo tributário.

III – Sobre o juízo e o direito judiciário

158. A nossa preferência pela expressão "direito judicial" não decorre de motivos de ordem estética, ligados à beleza do estilo, nem mesmo à precisão da linguagem. Ela tem embasamento muito mais relevante. Está no fundo dos fundamentos, no princípio do princípio da ciência jurídica.

Juízo (*judicium*) é palavra-chave, vocábulo venerável, desde a sua origem longínqua na ciência do direito. Por isso, afirma belamente Carnelutti que ela nos guia como a estrela guiou os Reis do Oriente para venerar o berço do Menino Divino. *Judicium* tem a mesma raiz etimológica de *ius* (Direito): são, portanto, vocábulos coimplicados, vocábulos que se implicam em relação de reciprocidade: o juiz diz o direito (*ius dicere*). É, portanto, no *judicium* que o Direito se manifesta. Se os glotólogos, acrescenta Carnelutti, se negam a ver o parentesco entre *jus* e *jungere* (a injunção, a coação), não chegam a tanto acerca de *jus* e *judicium*, ou de *jus* e *judex* (juiz). Porque o ofício do juiz é dizer o Direito (*judex dicit jus*) e, assim sendo, pela função judicial, o Direito é declarado, tornado claro, saído da obscuridade: o *jus* se revela dizendo (*Arte del derecho*, p. 69).

159. A grandeza dessas concepções contrasta com a consideração tardia do processo como simples – mais simplório que simples nas suas pretensões eruditas – instrumento tecnológico de aplicação do direito material. Aí se insinua a opinião que vê o processo como se fora um direito de secundária importância (*supra*, § 149). Visão tecnológica, que decorre do reconhecimento do Direito como técnica de controle social, chocantemente distanciada da concepção do *jus* como serviente da *justitia* ou mesmo como o seu outro nome.

160. Mas o Direito todo, e não apenas as normas processuais, é teleologicamente um instrumento (*organum*) a serviço da justiça, que reivindica ainda hoje um ouvido romano: *constans et perpetua voluntas suum cuique tribuere*. Fixemos-nos no final da definição: a justiça é a arte de dar a cada um o que é seu. Diz respeito às coisas exteriores, à repartição de bens. Direito é *res*, coisa, e não uma particular manifestação de mero functor deôntico, um dever-ser (*Sollen*), como pretendem os acólitos da lógica jurídica moderna ("monológica").

161. A preocupação com os fins do Direito (e não com o fim) é, doravante, plural: a) segurança jurídica, b) ordenamento normativo a serviço da economia, c) controle social, d) processo social de adaptação etc. Mas a justiça é, a rigor, o único fim do Direito. E foi a meditação sobre ela que autonomizou o Direito diante de outras ciências e outras artes: *suum cuique tribuere*. Essas palavras retornam insistentemente ao nosso ouvido, mesmo que, ostensivamente, nos recusemos a escutá-las.

De importância capital advertir que a velha fórmula triádica da justiça: *honeste vivere, alterum non laedere, suum cuique tribuere*, é redutível ao último termo: só vive honestamente e não lesa ninguém quem dá o seu ao seu dono (*suum cuique tribuere*).

162. Como visto, é pela utilização desse dualismo direito material/direito formal que a processualística moderna se manifesta. Não poderia ser diferente para a doutrina brasileira. Assim, para Lopes da Costa, o direito processual civil é, de regra, um direito *formal*, e sua função, *instrumental*: a de assegurar a observância da lei; sua finalidade é a de fazer observar o direito objetivo, o respeito à lei (*Direito processual civil brasileiro*, I/32). Como se o direito processual não fora disciplinado em leis processuais e, enquanto tal, direito objetivo, mesmo para critérios dualistas modernos.

E Frederico Marques, embora acertadamente advirta que o processo não é simples apêndice ou acessório das normas jurídico-materiais, um mero direito adjetivo, concede: "O Direito Processual pode ter caráter instrumental, visto que suas normas se destinam a tornar efetivo, fora do processo, o mandamento contido nas leis que regulam os interesses conflitantes do litígio (...)" (*Instituições de direito processual civil*, I/17). E, mais explicitamente ainda: "A observância, *dentro do processo*, da norma processual civil é meio preordenado a um fim: o restabelecimento, fora do processo, da observância do direito objetivo material. Ela tem, portanto, como *prius*, norma de outra natureza, da qual é *modo* e *meio* para a realização jurisdicional. Diz-se, por isso, que a norma processual civil é *instrumental*" (*Instituições de direito processual civil*, I/50). O direito material, já agora, não é nascido da *actio*, do processo judicial. Que lucrou a ciência do direito com essa reversão?

163. Na origem, o termo *judicium* (juízo) prevalecia sobre processo. Direito judiciário e não direito processual. Essa a razão da nossa preferência terminológica. O juiz diz o Direito, mas o Direito nasce do fato (*ex facto oritur ius*). Como adverte Carnelutti, o comando, para ser comando, deve ser concreto, não abstrato: o *jus* a rigor não é dito (*dictum*) enquanto o juiz não o declara, acertando não só o fato, mas também a sua conformidade com a *fattispecie* (*Diritto e processo*, p. 19).

Judicium é um composto de *jus* + *dicere*: dizer o direito é o *munus* do juiz. Juízo é pois função estritamente ligada à justiça: o juízo estabelece o justo.

IV – Na origem era o direito judiciário – só

> "Certamente a ciência jurídica alemã do século passado merece a gratidão do mundo antes de tudo pela distinção, que lhe devemos, entre direito material e direito processual. Nos tempos de Roma esses dois aspectos do direito não puderam separar-se porque o primeiro estava totalmente envolvido pelo segundo" (Carnelutti, *Arte del derecho*, p. 69).

164. A concepção do processo como simples instrumento de atuação do direito material é fortemente infirmada pela impugnação mais crucial e decisiva. Porque esse falseamento decorre das próprias origens. Na alvorada romana do Direito, o juiz era – em metáfora afortunada – equiparado a um oráculo, porque ofertava uma solução a determinado caso concreto, no processo judicial, sem ligá-lo a uma regra geral. O caso problemático era a arrancada, o ponto de partida para o desenvolvimento ulterior da própria ciência jurídica entre os romanos, como salientou Savigny: "Es ist nun, als ob dieser Fall (irgendeiner) der Anfangspunkt der ganzen Wissenschaft wäre, welche von hier aus erfunden werden sollte" (*apud* Vieweg, *Topik und jurisprudenz*, p. 52).

165. O jurista moderno não consegue, todavia, operar com o direito processual sem o recurso às regras gerais – sobretudo não exclusivamente porém – as leis processuais. Somente lhe é possível descrever a denominada função jurisdicional como um procedimento tendente ao ato de aplicação das normas gerais. Às vezes equiparadas indevidamente às normas abstratas (as únicas que o seriam). Como se a norma individual posta em ato de aplicação do Direito (sentença, ato administrativo) não fora tão abstrata quanto a geral, apenas porque os seus destinatários são determinados e individualizados, aqui e agora, por exemplo, Pedro deve pagar ao Estado tantos por cento do valor das operações de circulação de mercadorias que promoveu no período tal. Nada mais abstrato do que essa obrigação fulcrada em norma. Nem todos porém assim pensam. Há quem pretenda não ser a abstração atributo indiscriminado de toda norma jurídica, geral ou individual, e sustente que uma norma de conduta pode ser, em casos específicos, concreta; por exemplo, a sentença do juiz que obriga Tício a pagar o débito a Caio. Assim sendo, as normas abstratas (gerais) contrapor-se-iam aos comandos concretos (cf. Bobbio, *Dalla struttura alla funzione*, p. 127).

166. Voltando as costas para a sua origem, o Direito é modernamente definido como um sistema de normas, complexo de normas gerais. O juiz só o declara (quando não se admite que ele *cria* Direito), o direito já estabelecido, ou, melhor dito, preestabelecido nas regras gerais. Só assim é possível o advento da concepção instrumental do direito processual. Concepção que, inadvertidamente, o amesquinha.

No princípio era o caso individual. E o caso fez-se geral – de que modo? Pela juntura gradativa de casos semelhantes. Pela reunião desses casos particulares; pela sua comparação; pela identificação das suas semelhanças e diferenças. Assim, as regras correspondem a um estádio ou momento posterior na experiência do direito. A eclosão dessas normas gerais corresponde a um fenômeno tardio na vida do Direito: o direito romano é parcimonioso em normas gerais. O juiz romano não dispõe de um conjunto dessas normas gerais (o ordenamento jurídico, dos modernos) das quais fora possível, como num silogismo, inferir via dedução a sentença para o caso individual. A regra, ele próprio a fornece.

O direito processual, na época romana clássica, não podia ser instrumental de algo que até então praticamente não existia: conjunto de normas gerais de direito material. Assim sendo, pôde o direito prescindir das normas gerais aplicáveis pelo juiz, até o advento da aparição tardia dessa categoria.

167. Na Constituição Federal de 1988, o art. 5º, inciso LXXI, que trata do mandado de injunção, à falta de norma regulamentadora dos direitos e liberdades constitucionais e prerrogativas da nacionalidade, soberania e cidadania, e o art. 103, §2º, que dispõe sobre a declaração pelo STF, de inconstitucionalidade por omissão de medida tendente a tornar efetiva norma constitucional, são *resquícios*, persistentes no direito positivo moderno, de normas processuais desvinculadas de normas materiais. Na aplicação dessas normas processuais nascerá o direito. Mas é espantosa a parcimônia com que são instituídas essas medidas numa Constituição tão pormenorizada.

168. Uma observação de fundamentalíssima importância: não há relação conversível logicamente entre as normas gerais, postas basicamente na lei, e normas individuais, atos administrativos e as sentenças. É que o Direito não pode prescindir do caso individual. Perder-se-ia no limbo das abstrações inúteis. O Direito é fenômeno social, e, pois, reside na intersubjetividade concreta das relações humanas. Todavia lhe foi possível prescindir de normas gerais aplicáveis, sem que a sua declaração jurisdicional no caso concreto suportasse, em decorrência disso, o menor obstáculo.

169. Que bela oportunidade para a meditação do jurista! O Direito não era extraído da regra, mas a regra, essa, sim, era sacada do Direito. Um direito natural que surge e se mantém no seio da *polis* não é concebido ao modo moderno: um ente de razão, absoluto, eterno, imutável. Essa concepção moderna é responsável pela decadência dos estudos de direito natural. Direito natural é, no fundo dos seus fundamentos, o direito *político* de formação espontânea, pois não é o homem, por natureza, um animal social? Hoje, o direito natural – se me for permitida a irreverência – foge do processo como o diabo da cruz. É uma hipótese de trabalho da qual o processualista pode perfeitamente prescindir.

V – E a jurisdição – o que é?

> "Juris praecepta sunt haec: honeste vivere, alterum non laedere, suum cuique tribuere" ("Os preceitos jurídicos, são: viver honestamente, não molestar ninguém, dar a cada um o seu"), *D*. I, 1, 10 (Ulpiano, *Libro Primo Regularum*).

> "(...) mas o cristianismo reduziu essa trindade à unidade, com a denominada, pelos teólogos, regra de ouro: *"faça aos outros o que você quer que lhe façam"*. Mas quando se trata de aplicá-la à isonomia, essa regra se desprega numa infinidade de normas particulares. É como um raio de luz que através de um prisma de cristal se decompõe em cores" (Carnelutti, *Como nace el derecho*, p. 97).

170. O termo jurisdição tem origens veneráveis. Etimologicamente significa *jus dicere* – literalmente: "dizer o direito", isto é, declarar um direito preexistente ao dito. A linguagem moderna, porém, costuma – a partir do método kelseniano – caracterizar a jurisprudência como uma função criadora do Direito. Essa função, se descontrolada, é um caminho inapercebido para a ditadura do Judiciário. Quem julga os juízes? Quem pode, sem temperamentos jurídicos, criar não está adstrito a nenhuma injunção "externa", isto é, a nenhuma vinculação juridicamente supraordenada. Todavia contrapor tal acusação a Kelsen é injuriá-lo. A criação do Direito, em norma individual posta pelo juiz na sentença, no paradigma normativista de Kelsen, não é um ato *político*, é dizê-lo absolutamente indeterminado e incondicionado por normas superiores, as normas gerais (a lei). A criação corresponde apenas à "porção" não vinculada, ou seja, o âmbito indeterminado do ato, porque a norma superior, na escala hierárquica, por hipótese a Constituição Federal em relação às leis, atos administrativos e sentenciais, determina tão só parcialmente o conteúdo da norma inferior. A Constituição Federal, no art. 69, limita-se a prescrever que as leis complementares serão aprovadas, no Congresso Nacional, por maioria absoluta. É um mínimo formal e procedimental para a sua elaboração. Aí entra regimento interno, a definir o procedimento de votação das leis complementares. Logo a relação sintática entre norma superior, fundante de validade, e norma inferior, cuja validade é nela fundada, envolve a aplicação da norma inferior relativamente à parte em que a superior a determina e, simultaneamente, *criação* do Direito, porque nem o procedimento de formação nem o conteúdo (p. ex., normas gerais de direito tributário, art. 146, III) da norma inferior podem

– nunca! – estar totalmente determinados pela superior. Se o fossem, a norma inferior seria uma duplicação supérflua da norma superior. Essa inócua duplicidade é visível quando as Constituições Estaduais reproduzem *ipsis litteris* a imunidade tributária da Constituição Federal, atecnia comum em nosso direito constitucional estadual.

171. A relação da lei com o ato administrativo rege-se pelo mesmo critério de inter-relacionamento sintático: a lei (p. ex., o CTN, art. 42) não determina o conteúdo todo do lançamento, quem é o sujeito passivo "A" ou "B", a cifra a que há de corresponder a base de cálculo, sobre a qual aplicar-se-á a alíquota, o valor do débito, o período de apuração do tributo etc. Tudo isso responde à porção indeterminada – é dizê-la desvinculada – do procedimento e ato de lançamento (v. nosso *Lançamento tributário*, p. 102 e ss.). Se a aplicação de lei se dá no plano judicial, dir-se-á também, modernamente e em fidelidade a Kelsen, que o juiz cria parcialmente o Direito.

172. Mas, na sua origem, a função do juiz (*judex*) é dizer o Direito ou, o que é o mesmo, dizer o justo. Não há poder criador algum do juiz sob essa perspectiva. O que ele faz é determinar a justa proporção de bens numa relação contenciosa. Declarar o Direito é aclarar o justo, esclarecê-lo, fazê-lo aparecer, na sua pura transparência, à luz do dia. A aparência do Direito – o modo de seu aparecimento – é uma transparência do justo.

173. Como, na arte jurídica, não há direito sem processo, o procedimento de gênese da lei é análogo ao da sentença: uma como a outra resultam de debates regrados. Mas o processo não é um instrumento puramente retórico de formação de convicções. O que o processo deve visar é à solução (decisão) preclusiva de uma relação jurídica contenciosa. No processo romano: a justa repartição de bens (*suum cuique tribuere*).

Sob o prisma da convicção pessoal de autor e réu, numa relação processual, uma justa intelectualmente encarniçada busca preservar o direito subjetivo de que cada um se afirma possuidor. A afirmação alheia, por mais relevante que seja, só fornecerá pretexto para a contraposição de irredutíveis discordâncias entre adversários, dificilmente *conciliáveis*. A retórica processual é, nesses termos, uma "retórica sem verdade" (Francesco Cavalla). Mas o discurso dialético viabiliza a verdade processual, impondo às partes uma demonstração articulada e a comprovação formal (sobretudo documental) que se manifesta pelos trâmites processuais não só regulando a discussão, mas também e sobretudo assegurando a isonomia entre as partes litigiosas. O diálogo processual se manifesta, consequentemente, pela oposição de contrários.

174. Mas o processo não deve ser degradado em sua significação originária insigne, reduzido a mera seriação de atos processuais sequenciados na ordem temporal e como técnica de instrumentação do direito material, ao modo da processualística moderna. *Procedere* é mais que isso: é desenvolvimento, progressão, crescimento. Um caminho para o grandioso: a jurisdição. Processo não é pedestre instrumento (direito de "segunda classe") de atuação do direito material. Como adverte Carnelutti: "dizer que o Direito é um processo não seria erro" (ob. cit., p. 2-3). Mas o *jus* não é *dictum* enquanto o juiz não o declara.

175. "Direito judiciário" é expressão que ainda guarda vestígios dessas origens veneráveis. Originalmente, o direito "processual" não era senão um *judicium*, cujo parentesco morfológico com *jus* é por demais evidente. *Justum* é o justo, adjetivo substantivado: equipara-se à justiça.

Mas o *jus* é ainda mais originário que o *judicium*. *Jus* é o começo do começo. *Judicium* é um composto do *jus dicere*: dizer o direito, consorciação semântica de verbo (*dicere*) e substantivo (*jus*). *Jus* é ligado a *justitia*. Corresponda o *jus* ao *justum*: é o mesmo que corresponder à justiça, na fórmula romana imortal: *constans et perpetua voluntas suum cuique tribuere* (a vontade constante e perpétua de dar a cada um o que é seu).[17]

17. Em sua monografia *De la justice e du droit*, p. 2, nota 1, Felix Senn justifica a preferência pelo termo *tribuens* em vez de *tribuendi*: "Não há nenhuma razão séria para pretender modificar, como propõem certos autores, a lição das *Institutas* de Justiniano,

176. Mas a justiça está ligada, pela arte do Direito, às comutações (justiça comutativa) ou distribuições (justiça distributiva) do que a cada um deve ser dado, como o seu. A tríade romana *honeste vivere, alterum non laedere, suum cuique tribuere* pode ser reduzida, então, como já visto, ao *suum cuique tribuere* porque só vive honestamente, só não lesa ninguém, quem dá a cada um o seu: "Mas, como denomina Felix Senn, para quem conhece a técnica da definição, só o último elemento, indicando a diferença específica, deve ser conservado. Isso desconheceram Leibniz e outros filósofos modernos, nos seus comentários" (Michel Villey, *Philosophie du droit*, I/78).

Sob esse aspecto se revela, em todo seu esplendor, o parentesco entre Direito e Moral. A justiça é hospedeira da moral: viver em justiça é viver honestamente. Essas fórmulas estão muito distantes das concepções modernas.

Kelsen criticou, porém, a fórmula do *suum cuique tribuere*, acusando-a de tautológica: "É fácil de ver que a questão decisiva para a aplicação desta norma: 'o que é o 'seu', o que é devido a cada um, o que é o seu direito' não é definida através da mesma norma. Como aquilo que é devido a cada um é aquilo que lhe deve ser dado, a fórmula do *suum cuique* conduz à tautologia de que a cada qual deve ser dado aquilo que lhe deve ser dado" (*A justiça e o direito natural*, p. 70).

Só a uma leitura acrítica essa crítica prospera. Villey lhe contrapõe objeção decisiva: "Kelsen, entre outros, criticou a fórmula greco-romana (*suum cuique tribuere*) acusando-a de ser tautológica e perfeitamente inútil: porque ela não nos traz nenhuma luz sobre o que é 'o seu' de cada um. Isso é enganar-se quanto ao seu sentido. Ela visa somente a ajudar-nos a não confundir a função da arte jurídica com a função do sábio ou do técnico a serviço da ordem pública ou da economia: uma

---

substituindo o *jus suum cuique tribuens* por *jus suum cuique tribuendi*. O particípio presente *tribuens* é empregado por Cícero em sua definição da justiça. Sem dúvida o gerúndio se liga felizmente com o termo *voluntas*; mas, como a justiça é ao mesmo tempo *habitus animi, ratio, voluntas*, enquanto virtude ativa, a fórmula *jus suum cuique tribuens* não pode ser havida como errônea, mesmo se não for preferida".

confusão na qual, por sua vez, mergulhou Kelsen" (Villey, *Philosophie du droit*, I/57).

A crítica kelseniana ("não se diz o que é o seu de cada um") improcede, como demonstrou Villey, porque não tem a fórmula romana esse objetivo, a quantificação, por exemplo, do que é devido a cada litigante, somente declarável, em cada caso, no ato judicial. Não se aplica a vetusta fórmula no campo sistemático (onde procederia a crítica kelseniana), mas no da arte do Direito, onde ela não encontra morada. Invocar a arte do direito é contudo ato de fidelidade à origem da própria ciência jurídica.

177. Juiz é, em grego, *dikastês*, que deriva da raiz *dike* (a deusa da justiça): *dikaiosúne* (a justiça), *dikaion* (o justo), *dikaios* (o homem justo). Mas é natural para o Direito o ser ele político; o eclodir no interior da *polis* (*to dikaion politikon*). O ofício do *dikastês* supõe um processo institucionalizado: é dizê-lo, regrado. E porque o Direito se exerce na *polis*, Aristóteles o nomeia *dikaion politikon*, literalmente "direito político", que, no latim, se chamou surpreendentemente, *jus civile*. E, como direito privado, o *jus civile* ingressou nas categorias do direito moderno e do pensamento jurídico atual.

"Proporção" diz-se, em grego, *to analogon* e, no latim, *aequitas*, donde deriva o nosso equidade, o equitativo (*aequum*). Finalmente: porque declara essa proporção, o juiz "proporciona" as coisas a serem repartidas entre os habitantes da cidade. Nas trocas, a necessidade de uma equivalência entre as coisas trocadas se manifesta em sua transparência (Villey, *Philosophie du droit*, I/97-98).

8

AS ANTINOMIAS MODERNAS: LEI E SENTENÇA

I – Relações entre interpretação e aplicação do direito. II – "Quod plerumque fit": o julgamento deve ser conforme as leis – sempre? III – Antinomia entre lei e sentença ou deficiência da lei?

I – Relações entre interpretação e aplicação do direito

"O que de um modo simplista se chama 'aplicação de Direito' é, visto de um modo mais profundo, uma recíproca aproximação entre os fatos e o ordenamento jurídico" (Vieweg).

178. A contraposição entre a função moderna do ato jurisdicional de aplicação das normas legais e a sua caracterização em Roma lhes evidenciará diferenças. Comparem-se portanto um e outra.

Historicamente, o ato de aplicação da lei (a norma individual como resultante de aplicação da norma geral) nem sempre existiu; circunstância já de si expressiva, a sinalizar que ele não corresponde a um requisito indeclinável para a manifestação do Direito na sociedade. Não é, pois, um modo *essencial* de manifestação do jurídico.

Deveras: o jurisconsulto romano era, pelas *formulae*, criador do Direito. Não, porém, um aplicador de leis, que, aliás – como lembra ainda Torquato Castro –, quase não existiam em Roma (*Teoria da situação jurídica no direito privado nacional*, p. 121).

179. Qual, no entanto, a característica que imortalizou o estilo de pensar romano? Esse estilo, tão justamente decantado pela doutrina mais autorizada, é dialético, determinado pela lógica tópica: o jurisconsulto romano não partia de normas gerais, senão de pontos de vista geralmente aceitos – "pontos" ou *topoi*, lugares retóricos, *loci* –, e, pela dialética tópica, chegava à culminância do problema: a *inventio*, a descoberta. Encontrar (*invenire*), ele próprio, a solução jurídica, sem intermediação legislativa, era o foco do jurisconsulto romano. E essa solução, uma vez achada, se traduzia numa autêntica descoberta. A dialética era, no fundo, uma arte: a *ars inveniendi*, a arte da descoberta.

Qual a função desses tópicos? Aristóteles a esclarece: "Os *topoi*, enumerados de um modo mais ou menos completo, são os que podem ajudar, em relação a cada um problema, a obter raciocínios dialéticos" (*Tópica*, VII, 5, 14).

180. Torquato Castro aponta a rebeldia à lógica formal como outra característica da dialética entre os romanos: "Outra observação fundamental que é de ser feita quanto à dialética construtiva do direito, entre os romanos, é que tal dialética não desenvolve nenhum processo de uma lógica em *branco*, isto é, descomprometida de qualquer partido ético, como o seria aquela lógica que se pusesse, tão só, a serviço da descoberta da verdade. Era ela, entre os romanos, dirigida *ab initio* e decididamente para a pesquisa do *mais justo* ou do mais *adequado*, na partilha a realizar-se entre *cives*, na convivência da *civitas*; e era por isso mesmo profundamente comprometida na realização desse valor de justiça" (*Teoria da situação jurídica no direito privado nacional*, p. 123).

181. Para quem inclui os direitos entre as coisas – *res* –, é natural que o direito nasça do fato (*ex facto oritur jus*). O problema concreto move-se na tessitura de fatos determinados, aqui e agora, existenciais. No início era o fato (*in der Anfang war die Tat*), podia muito bem ser a consigna dos juristas romanos. É o problema mesmo que demanda a sua solução. E essa solução não é tecnicamente possível sem a produção de argumentos. Aí era o lugar da lógica retórica da argumentação. Notável consequência desse ponto de partida: o Direito era para os juristas romanos não algo *dado*, como uma regra que eles apenas recebessem passivamente – e "aplicassem" ao caso concreto – mas algo a ser *construído*, com a licença do dualismo moderno. E nessa construção se envolve eticamente toda a sua personalidade. Por isso acentuou Vieweg não apenas esse comprometimento com a invenção (descoberto) da justiça. O orgulho do jurista romano, lembra-o Ihering, por ele citado, não é só intelectual (o de quem sabe criar), mas também do tipo moral (o de quem responde pela justiça do direito que criou) (Theodor Vieweg, *Topik und Jurisprudenz*, p. 53: "Ihre ganze Persönlichkeit ist dabei beteilig, und ihr Stölz ist, wie Ihering sagt, 'nicht bloss intellektueller, sondern moralischer Art'"; cf. também Torquato Castro, *Teoria da situação jurídica no direito privado nacional*, p. 121).

182. Porque, em qualquer coordenada de tempo e lugar, onde se expanda o fenômeno jurídico, há necessidade sejam as normas jurídicas – gerais ou individuais – interpretadas, procura-se identificar as relações entre interpretação e aplicação do Direito pelo seu caráter assimétrico: pode haver interpretação sem aplicação do Direito, não, porém, aplicação sem interpretação. Veja-se, por todos, Carlos Maximiliano: "A aplicação não prescinde da hermenêutica: a primeira pressupõe a segunda, como a medicação a diagnose" (*Hermenêutica a aplicação do direito*, p. 22). As duas relações não são portanto simétricas.

Com a atual moda e o prestígio da semiótica jurídica – teoria da linguagem do Direito –, a norma geral (a lei) é posta em destaque e privilegiada no inter-relacionamento sintático que ela entretém com a norma individual (sentença judicial) e condiciona integralmente o ato de aplicação do Direito. É uma reversão total no inter-relacionamento originário entre lei e sentença romanas; reversão operada pela evolução posterior do Direito.

183. A teoria kelseniana da interpretação tem como ponto de honra a consideração de que não há apenas uma interpretação da norma jurídica, a única correta, a só verdadeira. Pelo contrário, a norma comporta várias alternativas de interpretação (cf. Kelsen, *Reine Rechtslehre*, p. 348-349). O juiz opta por uma delas mediante um ato de *vontade*; escolhe a que lhe pareça mais consonante com a lógica do Direito, que é a lógica do razoável, como preconiza Recaséns Siches.

184. A essa visão kelseniana Torquato Castro opõe objeção crucial e, mesmo, decisiva: "Kelsen põe em risco, com essa visão do pensamento interpretativo, a razão de necessidade de seu monumental sistema normativo, quando se constata que tudo, em última análise, culmina no arbítrio". E, sobre o inexistente arbítrio da vontade na hipótese, acrescenta o mestre recifense: "Uma decisão posta pela vontade não é incondicionada" (*Teoria da situação jurídica no direito privado nacional*, p. 16). Não é aqui, porém, o lugar próprio para aprofundar esse tema, sem desvio das nossas ocupações temáticas preestabelecidas.

Haverá necessidade de maiores explicações para evidenciar a profunda diferença de situações entre o direito antigo e o moderno?

II – "Quod plerumque fit": o julgamento deve ser conforme as leis – sempre?

> "Receio que as 'exceções' sejam mais frequentes que a pretensa regra" (Michel Villey).
>
> "E nisso tudo não se deve esquecer que 'um caso judicial sempre se resolve pela totalidade do ordenamento jurídico e não por uma só de suas partes, tal como o peso todo de uma esfera gravita sobre a superfície em que jaz, embora seja um só o ponto em que toma contacto'" (Cossio).

185. No direito romano, como visto, não se interpunha, como um problema crucial, o da vinculação do ato judicial às normas legais, não só em decorrência da parcimônia com que as leis eram editadas mas, também, e sobretudo, porque a sentença criava o direito material e era da repetição de casos que nascia a regra geral.

A partir da dicotomia moderna entre direito material e processual e da criação incontida de leis, característica da inflacionada produção legislativa moderna, coloca-se, como um dos mais relevantes, o problema processual da vinculação do ato sentencial à legalidade.

Natural é, no entanto, que, devido a essa inflação legislativa, se interponha, como um problema digno de ser questionado, o da vinculação entre a lei e a sentença que deva ser proferida num caso excepcional.

A questão da vinculação do ato judicial às leis ou – mais precisamente – o problema da medida em que deve o juízo ser conforme à lei pode colocar-se sob várias perspectivas. A primeira delas é a da lei *iníqua*: deve o julgamento conformar-se a tais leis? A segunda provém do caráter *geral* das leis: a fórmula geral arrisca-se a inadaptação ao caso *individual*. A terceira decorre da variação de critérios adotados pelo ato legislativo, as usualmente denominadas "alterações legislativas". Exemplos, facilmente fornecidos, são, de leis iníquas, as leis raciais do III *Reich*. Ou, da inadaptação da norma geral ao caso particular: o imposto predial e territorial urbano (IPTU) progressivo no tempo alcança, de regra, imóveis que expressam altíssima capacidade contributiva; nada obstante pode, excepcionalmente, recair sobre um desempregado ou uma pobre viúva, pensionista da previdência social, que, havido o imóvel por herança, não tem como pagá-lo. Deve, não obstante, fazê-lo? Exemplo da terceira perspectiva é o da proibição, sob pena de prisão, alternada com a autorização do aborto: "Législateur souvent varie, fol est qui s'y fie) (v. Michel Villey, *Questions de Saint Thomas d'Aquin sur le droit et la politique*, p. 61).

186. Na lei iníqua, *stricto sensu*, a iniquidade reside no conteúdo da norma aplicável para qualquer hipótese em que o for efetivamente (p. ex.: "O juiz deve aplicar as leis segundo as concepções do nacional socialismo");[18] no caso de excesso de generalização, manifesta-se outro tipo de iniquidade: a sua inadequação às circunstâncias do caso particular. Nem sempre portanto o julgamento há de ser proferido com submissão (melhor dito: subserviência) à letra expressa da lei: *littera occidit spiritus autem vivificat*... Para guardar fidelidade ao "espírito da lei" deve o juiz render-se às exigências peculiares do caso individual. Na aplicação de toda norma geral há sempre uma cláusula demarcadora implícita: aplica-se a regra só até onde as exigências do caso particular não impõe regra diversa. No exemplo do IPTU progressivo, aplicam-se, em casos de incapacidade contributiva, as normas constitucionais (CF, arts. 5º, *caput* e inciso I; 145, § 1º, e 150, II) e desaplicam-se as normas infraconstitucionais: a lei tributária material do Município. Não é, pois, necessário que o juízo se faça sempre conforme o texto expresso da lei tributária material (lei ordinária). Às vezes é até necessário que não o seja. E muito menos necessitar-se-á que se proclame formalmente a inconstitucionalidade da lei municipal. Em tal hipótese, a regra geral deve ser afastada porque a sua exigência – atentatória do princípio da capacidade contributiva – envolveria uma *aplicação* inconstitucional de regra constitucional: a progressividade do IPTU (CF, art. 156, inciso I e § 1º). E até um agravo à isonomia, porque trataria igualmente os desiguais: os economicamente capazes (contribuintes ricos) e os economicamente incapazes de contribuir (desempregados,

18. Nas suas críticas reducionistas contra a interpretação das normas tributárias segundo o seu significado econômico ("interpretação econômica"), Alfredo Augusto Becker, em obra de título insólito (*Carnaval tributário*, p. 108-109), nos oferta, entretanto, preciosa notícia: "Em 1934, a teoria hermenêutica de Enno Becker recebeu a consagração máxima ao ser aceita pelo Governo Nazista da Alemanha, mediante a promulgação, em 16.10.1934 da Lei de adaptação Tributária Alemã (*Steueranpassungsgesetz*), que determina em seu: '§ 1º Normas Tributárias. 1) As leis fiscais devem ser interpretadas segundo as concepções gerais do nacional-socialismo. 2) Para isto deve-se ter em conta a opinião geral, a finalidade e significado econômico das leis tributárias e a evolução das circunstâncias. 3) O mesmo vale para julgar os fatos'".

pensionistas) seriam por igual tributados. Retomaremos logo mais a esse tema (*infra*, §§ 200 e ss.).

187. A iniquidade de certas leis não é mera virtualidade teórica, insuscetível de concreção na prática, mas se manifesta efetivamente nas relações sociais entretidas na *polis*, a cidade dos homens. Não são apenas as leis raciais, como instrumento do holocausto. São também as hipóteses, porventura muito mais tênues e, portanto, na aparência inócuas, do absolutismo dos contratos em sua vinculação formal. Deve-se devolver a arma tomada de empréstimo a quem posteriormente enlouqueceu?[19] Também as hipóteses do direito de propriedade – se desprovido de sua eminente função social por um resquício de individualismo antissocial e exacerbado: é possível construir uma sociedade sadia com pancentralismo nos direitos subjetivos e desconsideração absoluta dos deveres do homem para consigo mesmo e para com a comunidade, onde ele habita? Se a regra é injusta, objetivamente injusta, não deve o juiz se lhe conformar: *Et ideo secundum eas non est judicandum*. E até mesmo as leis retamente concebidas, *rectae*, não escapam às vicissitudes normais da generalidade. A generalidade é um atributo da lei cuja expansão descomedida implica sempre sacrifício para a justiça: deve cobrar-se o imposto a quem não tem capacidade contributiva? Ao contrário: o juiz deve, em tais hipóteses, abster-se de observar a letra da lei, salvando-lhe o espírito: "*Et ideo et talibus non est secundum litteram legis*" (Villey, *Questions de Saint Thomas d'Aquin sur le droit et la politique*, p. 69-70).

188. Pode-se então – a partir da instigação da questão da obediência do juiz às leis e seus limites –, extrair um "catálogo" ou "armazém" de pontos a discutir: possível injustiça

19. Um exemplo de escola, dado por Cícero, *De oficiis, e*, 25, é retomado por Felix Senn: "Se alguém depositou em nossa casa uma soma em dinheiro e em seguida faz guerra à pátria, devemos devolver-lhe esse depósito? Não o creio – declara Cícero – porque agiríamos contra a coisa pública que devemos ter como a mais cara do mundo. É assim que muitas coisas, que parecem por natureza honestas, cessam de sê-lo pelas circunstâncias: cumprir uma promessa, honrar uma convocação, devolver as coisas depositadas são outras tantas coisas que não são mais honestas quando a sua utilidade mudou" (ob. cit., p. 44-45, nota 3).

da lei (questão zetética inescapável a um jurista digno desse nome); inadaptação da lei como regra geral ao caso concreto (singular); modificação das circunstâncias da aplicabilidade: deve-se proibir ou permitir a eutanásia? E o aborto? etc. Temas para serem dialeticamente abordados e resolvidos.

189. Essa questão – "Deve-se julgar conforme a regra geral da lei – sempre?" – não pode ser respondida de modo maniqueísta e peremptório: sim ou não, *sic aut non*. A resposta depende das exigências de cada caso singular (sim e não é a resposta, *sic et non*). Uma consideração de capital importância: o juiz não se afasta da regra geral por capricho ou excentricidade; por uma explosão incontida de subjetivismo; simples manifestação de arbítrio no ato de aplicação da lei. Ele somente deve afastar a regra geral ali onde as exigências do caso particular indiquem que a sua aplicação implicaria denegação de *justiça*. Mas as suas conclusões dialéticas devem ser *plurais*: um juízo deve ser conforme a lei justa. Um juízo deve ser desconforme à lei injusta. Um juízo deve ser conforme a regra geral. Um juízo não deve ser conforme à regra geral. Nem todo empréstimo deve ser restituído (*supra*, § 187). Nunca, portanto, o maniqueísmo do sim e não. Se a alguém é perguntado "Continuas a roubar?", a resposta "sim" ou "não" não deveria ser exigida a ninguém... Se o interlocutor responder sim, confessa-se ladrão; se responder não, bem pode acontecer que não mais roube, mas já tenha roubado antes... Paradoxos análogos são colacionados e colecionados por William e Martha Kneale, em sua importante obra, por exemplo, o do mentiroso: uma pessoa diz que está a mentir. Aquilo que ele diz é verdadeiro ou falso? (*O desenvolvimento da lógica*, p. 116).

190. Nesse ponto, o jurista contemporâneo há de bem apreender a sua lição humildade, rendendo-se ao legado da tradição. Foi o seu estilo de pensar que tornou imortal o direito romano, e não as suas soluções tópicas dos problemas concretos da vida civil e política romana: foi o ter ele privilegiado o caso concreto, como salientou, admiravelmente, Savigny: "É como se um caso qualquer fosse o ponto de partida de toda ciência".

Torquato Castro retoma essa característica de estilo do pensar romano: "O jurista romano coloca como ponto de partida o problema jurídico com que se depara no contacto existencial com os fatos; e trata de encontrar argumentos para resolvê-los" (*Teoria da situação jurídica no direito privado nacional*, p. 121).

191. Sábia essa máxima exegética: "as leis são feitas para o que normalmente acontece" (*quod plerumque fit*). As normas excepcionais, antes de infirmarem essa máxima, a confirmam, por outra via. Se a norma geral fosse aplicável a todos os casos – nenhum excetuado –, não haveria necessidade de normas excepcionais.[20] Mas a norma excepcional não abandona o regime jurídico da norma geral por mera arbitrariedade. Não deve – não é função dela – preencher todos os "vazios"

20. Karl Larenz oferta, a respeito, essas precisas observações: "A norma, que tem de simplificar, porque quer abarcar uma série de situações fácticas, apreende em cada situação fáctica particular apenas alguns aspectos ou elementos. E descura todos os outros. Mas isto conduz não raramente à questão de se alguns dos elementos descurados na norma são, no entanto, tão relevantes no caso concreto, que a sua consideração seja aqui iniludível, se não se quiser (a partir da noção de Direito) tratar o desigual como 'igual' e assim resolver 'injustamente'. Se isto é assim, surge a pergunta se a norma, 'rectamente' entendida, não permitirá porventura uma restrição ou uma diferenciação que haja de possibilitar uma solução 'justa' e de se não deva ser aqui convocada outra norma que só 'à primeira vista' não parece aqui aplicável, se existe uma 'lacuna' no edifício normativo que possa ser colmatada de acordo com as ideais básicas de uma regulação ou com um princípio jurídico geral" (*Metodologia da ciência do direito*, p. 249).
Em sentido análogo, Perelman contrapõe-se à aplicação silogística da lei no ato judicial, via processo dedutivo: o juiz é, no direito judiciário, o árbitro (eis aí o resquício da dialética como um jogo) dos conflitos de interesses, mas árbitro para soluções bem motivadas, é dizê-las razoáveis: "Essa dialética, implicada pela pesquisa de uma solução convincente, instauradora da paz judiciária, porque ao mesmo tempo racional e conforme o direito, coloca o poder judiciário numa relação nova com referência ao poder legislativo. Nem inteiramente subordinado, nem simplesmente oposto ao poder legislativo, ele lhe constitui um aspecto complementar indispensável, que se impõe uma tarefa não somente jurídica, mas também política, a de harmonizar a ordem jurídica de origem legislativa com as ideias dominantes sobre o que é justo e equitativo num dado meio. É a razão pela qual, na aplicação do direito, a passagem da regra abstrata ao caso concreto não é um simples processo dedutivo, mas a adaptação constante das disposições legais aos valores em conflito nas controvérsias judiciárias" (*Logique juridique*, p. 84).
É uma falácia aplicar a regra geral ali onde as exigências do caso particular a preexcluem, isto é, as circunstâncias que cercam o caso concreto a tornam inaplicável.

ou "vácuos" da normatividade, no plano das normas gerais: só alguns deles. E seguramente, entre esses, os que forem passíveis de solução por meio de recurso a uma norma sintaticamente superior (*e.g.*, norma constitucional autoaplicável) na hierarquia normativa. Se a lacuna ocorre no plano *legal*, pode perfeitamente ser suprima ou integrada, como visto, pela aplicação de norma *constitucional* (*supra*, § 186). Há mais coisas sob o céu e a terra do que sonha a nossa vã filosofia, como alertava Shakespeare...

192. A generalidade das leis é um atributo que, se exacerbado, implica sempre sacrifício da justiça. Um imposto que recaia indiscriminadamente sobre a universalidade dos cidadãos será, só por isso, uniformizado ali onde a justiça fiscal mais intensamente impõe pela desuniformidade. O IPMF – "imposto provisório sobre movimentações financeiras" – nasceu sob esse estigma: a sua universalidade, antes de lhe manifestar a grandeza, escancarou-lhe a miséria. Colocou todos os contribuintes – e ninguém praticamente lhe escaparia, sequer os Estados e Municípios... – numa vala comum. Não admira que o STF tenha reconhecido, embora parcialmente, a sua inconstitucionalidade. Parcialmente, porque limitado o alcance dos julgados da Corte Excelsa à infração (a) da anterioridade fiscal (cobrança desse tributo no exercício de 1993, o da sua instituição) e à (b) sua incidência sobre pessoas políticas – Estados e Municípios – imunes. Os efeitos perversos do IPMF ocultam-se, contudo, sob uma alíquota (0,38%) nominalmente baixa para um processo inflacionário agudo. E, numa economia estabilizada, mostraria o IPMF a sua verdadeira face?

193. A regra geral somente deve valer para a "maioria dos casos", não para todo e qualquer caso. Os seus âmbitos de validade material e pessoal suportam essa demarcação congênita. O Direito é uma *proporção* – o seu de cada um. Logo devem ser contempladas na regra jurídica as diferenças naturais de sexo, saúde, idade, classe social e, sobretudo, de capacidade contributiva. A igualdade está na justa proporcionalidade. Cada um deve contribuir para os encargos sociais na medida (proporção) de suas possibilidades. Se uma pretensão do poder público recai indiscriminadamente sobre casos excepcionais à regra legal fere a proporcionalidade mesma e malfere a prudência. E, assim sendo, não deve ser, imprudentemente, acolhida no ato jurisdicional.

194. A vocação da lei é dizer o justo. Porém, em descaminho, ela pode (e frequentemente o faz) optar pelo injusto. Diante de uma lei injusta, como atuar? Com a ressalva de que uma lei injusta sequer merece a própria denominação – sob o ponto de vista da ética política, "lei injusta" é expressão que envolve uma contradição em termos, o juiz deve pura e simplesmente descartá-la: *Et ideo secundum eas non est judicandum* (Michel Villey, *Archives de Philosophie du Droit*, 29/65). Nada a estranhar, porém. Porque, aqui, estamos no campo da vinculação, essa sim, impostergável e indescartável, do Direito à Justiça – e, pois, do ato judicial que o diz (*jus dicit*).

195. Quando as exigências de um caso particular (excepcional) se fazem sentir e se impõem e contrapõem à generalidade da lei (a sua suprema fraqueza), abre-se espaço privilegiado para a *jurisprudência*: a virtude da prudência jurídica, que mora e demora no singular e no contingente. É prudente – e sumamente o é – juiz que se curva a injunção de um caso excepcional incompatível no todo com a formulação generalizante da lei. É que, só por isso, já está fora do seu campo de aplicabilidade.

196. O descompasso entre a finalidade da lei – a justiça – e a produção descomedida do Direito, a "inflação" legislativa, que enferma a vida jurídica moderna, entremostra o drama da própria legalidade: na prática, a legalidade se afasta amiúde desse desiderato. E a consequência mais dramática e nociva desse descompasso é a conversão do Direito num instrumento tecnológico de controle da vida em sociedade (é dizê-lo: adiáforo para com a justiça). Se eficaz, será, o Direito, só por isso, justo...

197. O culto descomedido da regra geral explica a distorção consistente em considerá-la remédio para todos os males e acatar uma expansão de sua aplicabilidade, até contra a evidência de sua contraindicação e inadaptação para o caso particular e subsequente exigência de uma regulação excepcional para o caso *sub judice*.

Chega-se, contudo, a ver um "privilégio" ou "favor" na regra excepcional. Primeiro e decisivo passo para as regras especiais de interpretação que se pretende lhes seriam aplicáveis. Um exemplo, só na aparência anódino, o do Código Tributário Nacional, art. 111: "Interpreta-se literalmente a legislação tributária que disponha sobre: (*omissis*) II – outorga de isenção". Esse dispositivo manifesta um preconceito tardio e obstinado contra as normas ditas excepcionais. A seiva que nutre é a concepção equivocada da isenção como favor ou privilégio fiscal. Preconceito denunciado candentemente por Ezio Vanoni, desde 1932 (Natura ed intrepretazione delle legge tributarie, in *Opere Giuridiche*, I/94 e ss., 156) e também por nós (*Isenções tributárias*, p. 73-87).

198. Aqui deve ser introduzido, porém, um escolástico *distinguo*: uma coisa é a lei *excepcional*, que, enquanto tal, se contrapõe à lei de caráter *geral*. "Geral" e "excepcional" são, aí, conceitos relativos. Tanto a norma geral quanto a excepcional se aplicam a um campo generalizado de pessoas (maior na geral e menor na excepcional). Também no âmbito da norma excepcional pode colocar-se o problema das relações entre norma legal e ato sentencial, é dizer: entre "fontes" diversas de produção normativa. A norma legal, seja ela de que natureza for, pode deixar fora do âmbito de sua regulação determinados casos particulares.

Um exemplo o esclarecerá: se uma lei isenta a população de um determinado bairro do imposto predial e territorial urbano (IPTU) em decorrência de uma calamidade pública, como uma enchente, será ela *excepcional*, porque excetua pessoas à generalidade da obrigação de pagar o tributo. Que ocorrerá, porém, se a população de um bairro adjacente for logo depois, ela também, afetada pelo mesmo infortúnio? Não poderá o juiz conceder-lhe o mesmo benefício em nome da equidade, um outro nome da igualdade e, pois, da própria justiça? Não se vê como essa indagação deva receber uma resposta negativa.

199. Essa última perspectiva é a da excepcionalidade da norma a ser aplicada numa situação existencial e concreta, aqui e agora. A excepcionalidade dessa norma é estritíssima, porque decorre, ela própria, de uma situação de fato excepcional. É a hipótese da *iniquidade* da aplicação de uma norma geral a um caso particular. Aí, o relacionamento sintático não se dá entre normas gerais (p. ex., as normas de lei que tributa *versus* as normas de lei que isenta), mas entre a norma geral e o ato jurisdicional que a aplica.

Se a aplicação da norma geral ao caso particular acarreta injustiça, o juiz, como visto, deve descartá-la. Quem detém a competência jurisdicional é portador de um poder-dever de bem exercê-la, que se define muito mais adequadamente, segundo preleciona agudamente Celso Antônio, como um dever-poder. Quem pode deve, e quem deve pode. Se a aplicação de lei ao caso particular envolve iniquidade, o juiz deve, pura e simplesmente, descartá-la, em reverência à justiça. A justiça do ordenamento é um valor que, enquanto permeia todas as suas normas, deve prevalecer sobre situações nas quais a aplicação das normas, em sua generalidade, gritaria a sua injustiça. Não há lugar para tergiversações quando se trata de optar entre justiça e injustiça. Mormente se essa opção deva ser exercida pelo juiz no ato jurisdicional.

Consequentemente, o problema das normas excepcionais pode e deve enfrentar-se, entre outras, sob duas perspectivas diversas e que portanto não devem ser confundidas. A primeira delas é a que prevê normas excepcionais, como a de isenção tributária, ao lado de normas gerais, como as que instituem a obrigação tributária. Geral ou excepcional são assim conceitos relativos e que atuam em função de uma predominância de casos regulados em normas gerais no confronto com as excepcionais. A segunda consiste na consideração de normas excepcionais, que instituem privilégios no sentido estrito – privilégios odiosos. Se uma norma, seja ela tributária ou não, institui um favor para determinadas pessoas – um regime de favorecimento pessoal injustificado –, será, como tradicionalmente havida, inconstitucional. No sentido de que manifestará uma rebeldia contra o mais eminente dos princípios constitucionais – a igualdade de todos perante a lei. "Tradicionalmente havida", no texto, é uma ressalva prudente, porque para Kelsen a expressão "lei inconstitucional" envolve uma *contradictio in terminis*: "A expressão 'lei inconstitucional', aplicada a um preceito que se considera válido é uma contradição em termos" (cf., entre outras, a sua *Teoría general del derecho y del Estado*, p. 162).

Mas é com fulcro em argumentos precários que certa doutrina – obstinada na persistência em erro – preconiza interpretação estrita e até mesmo restritiva para as normas excepcionais. Em manifestação ostensiva – tanto quanto inapercebida – de preconceito contra as normas excepcionais, que, se retamente instituídas, nada têm de "privilégios" ou "favores", incompatíveis com a isonomia constitucional.

Nenhuma dessas duas hipóteses postula, contudo, um método *apriorístico* de interpretação (interpretação estrita, restritiva, literal). É, ao contrário, a "expansão" do preceito por todos os caminhos hermenêuticos que lhes revelará o sentido normativo – conforme ou desconforme com o texto constitucional. Na dição tradicional: sua interpretação extensiva.

III – Antinomia entre lei e sentença ou deficiência da lei?

> *Dura lex sed lex.*
>
> "O juiz é a boca que pronuncia as palavras da lei" (Montesquieu, *De l'esprit des lois*, XL, 6).

200. O sistema legal – permita-se-me a concessão à linguagem moderna – é um subsistema que integra o sistema jurídico (total). Com efeito, o sistema jurídico não é constituído só pelas normas gerais – leis, regulamentos etc. –, mas, também, pelas normas individuais – atos administrativos e sentenciais. Com razão, Kelsen destaca a norma individual na integração do objeto da ciência jurídica: se o ato judicial e o ato administrativo, no modelo normativista, não integrassem o âmbito de criação e aplicação normativas do Direito, introduzir-se-ia um seccionamento indevido na investigação do jurídico. Dois objetos de conhecimento a rigor diferentes, duas ciências diversas. Ciência moderna gravita em torno do *monismo* do objeto, sem o qual não seria viável, por exemplo, a *Teoria pura do direito* de Kelsen. O sistema – melhor dito: subsistema legal – não será, pois, coextensivo ao sistema jurídico (total).

201. Quando se aceite a sua legitimidade lógica e dogmática, a lacuna legal, em contraposição à lacuna do Direito, identifica-se, quase em truísmo, "com" e circunscreve-se "às" lacunas das leis. Lacuna do Direito seria aquela que assim se caracterizasse diante do sistema jurídico total. Em tal hipótese, não haveria, simplesmente, norma jurídica aplicável.

Um exemplo iluminará o quanto basta a hipótese de lacuna legal e do desvirtuamento ideológico que se pratica em decorrência dela.

A Prefeitura Municipal de São Paulo instituiu o imposto territorial urbano progressivo em função do valor venal do imóvel. Fê-lo no exercício de uma competência para instituir o IPTU, expressamente assegurada na Constituição Federal, art. 156, § 1°: "O imposto previsto no inciso I poderá ser progressivo, nos termos de lei municipal, de forma a assegurar o cumprimento da função social da propriedade". Pois bem: a constitucionalidade daquele imposto foi contestada, sob o pretexto de que ele eventualmente recairia sobre imóveis de pobres pensionistas da previdência social e que, havendo recebido em herança ditos imóveis, não teriam como pagar o imposto progressivo, dada a sensível majoração da carga tributária sobre eles incidente (*supra*, §§ 185-186).

Em parecer à instância da Prefeitura Municipal (*Revista de Direito Tributário* 59/73), retruquei que as leis são feitas para aquilo que normalmente acontece (*quod plerumque fit*). Fazer o imposto recair, pela sua aplicação, sobre tal hipótese era incorrer numa aplicação inconstitucional... de norma perfeitamente constitucional. Ademais, o tópico *quod plerumque accidit* conduziria a uma solução diversa para o problema. A lei simplesmente não se aplicaria a uma situação como a supradescrita. Havia indícios muito fortes de que ela não incidiria sobre a hipótese, e portanto era inaplicável ao caso concreto.

202. Se uma hipótese não estivesse contemplada em norma obrigacional tributária, estaria, só por isso, livre do imposto. Duas consequências alternativas, então, se instaurariam. Ou bem (a) a lacuna legal estaria presente ou (b) nenhuma lacuna existiria: o que não está proibido, ou não é obrigatório, está juridicamente permitido (outro tópico invocável a favor da hipotética viuvinha desamparada). Por outro lado, se lacuna há, não será lacuna *jurídica*, mas restritamente *legal*. A Constituição Federal daria o remédio para o problema: o subprincípio da capacidade contributiva, explicitação do princípio da isonomia no campo tributário (CF, arts. 145, § 1º e 150, II, combinados). Não seria de se exigir tributo ali onde inexistiria capacidade contributiva. Mas uma solução definitivamente desastrada seria proclamar-se a inconstitucionalidade de uma lei em nome de incidência excepcionalíssima sua. Uma iniquidade, porque deixaria fora da regra da função social da propriedade precisamente os que mais tinham capacidade contributiva para assegurá-la, ricos proprietários de imóveis urbanos, às vezes ociosos na sua função de mera especulação imobiliária, beneficiando-se egoisticamente – e, pois, sem causa juridicamente razoável – de uma valorização para a qual o trabalho do proprietário em nada contribuiu.

203. Pretendeu-se, com exemplificação *ad terrorem*, demonstrar a inviabilidade constitucional do IPTU progressivo em função só do valor venal do imóvel, porque ofenderia a isonomia tributária: o grande número de modestos pensionistas da previdência social, aposentados, desempregados etc., que, proprietários de imóveis, cujos valores não refletem sua situação de penúria financeira, não poderiam suportar o gravame. Essa crítica merece, também ela, alguns temperamentos. A crítica dos críticos do IPTU progressivo no tempo.

204. Não há incompatibilidade alguma entre o IPTU progressivo em função do valor do imóvel e a isonomia tributária. O fenômeno é bem outro. Nenhum tributo pode, por si só, realizar a justiça fiscal. Situações como as figuradas demonstram apenas que, como ensinava Alfredo Becker, "cada tributo tem suas inconveniências e imperfeições financeiras, porém *elas não interferem no gênero jurídico do tributo* e até representam os aspectos negativos que são específicos a cada gênero jurídico de tributo" (*Teoria geral do direito tributário*, p. 388 – os grifos são dele). E Roque Carrazza não poderia ser mais enfático: "Em relação aos impostos sobre a propriedade (imposto territorial rural, imposto predial e territorial urbano, imposto sobre a propriedade de veículos automotores etc.), a capacidade contributiva revela-se com o próprio bem, porque a riqueza não advém apenas da moeda corrente, mas do patrimônio, como um todo considerado. Se uma pessoa tem, por exemplo, um apartamento que vale um milhão de dólares, ela tem capacidade contributiva, ainda que nada mais possua. Apenas sua capacidade contributiva está imobilizada. A qualquer tempo, porém, esta pessoa poderá transformar em dinheiro aquele bem de raiz" (*Curso de direito constitucional tributário*, p. 58). E, no intuito de clarificação do seu raciocínio, conclui: "Não raro, uma pessoa é proprietária de imóvel luxuoso, adquirido enquanto trabalhava. Atualmente, aposentada, recebe minguada pensão. Outra pessoa, apesar de pobre, é proprietária de riquíssima casa, havida por herança. Nada disso importa, a nosso pensar, para fins de tributação por via de IPTU. Por quê? Porque a propriedade de imóvel luxuoso encerra uma presunção absoluta de que o contribuinte possui capacidade contributiva" (Ibidem, p. 63, nota 47).

205. Uma viúva ou pensionista e – por que não? – um desempregado podem, alternativamente, receber alta renda desses imóveis, se alugados, e, nesse caso, nenhum atentado haverá à sua capacidade contributiva quando o IPTU recair sobre o valor do imóvel... A adequação portanto à capacidade contributiva deve ser individualmente aferida em cada caso concreto e não, por exemplo, na generalidade de uma ação direta de (in)constitucionalidade da lei respectiva. Note-se que, se apenas *proporcional*, esse tributo poderia, em linha de hipótese, envolver também aplicações incompatíveis com a capacidade contributiva individual. É algo, pois, que somente pode ser resolvido em cada caso o problema da sua adequação aos critérios constitucionais. Nem se deve incorrer no erro de confundir *aplicação* inconstitucional de lei constitucional com lei inconstitucional, em qualquer hipótese de sua aplicação. Se não há *presunção* de inconstitucionalidade de lei, *a fortiori* não haverá de sua aplicação.

206. Por serem excepcionais as hipóteses que lastreiam essas objeções, elas não implicariam nunca a desvalia da progressividade do IPTU em função do valor do imóvel tributado. Precisamente numa elementar aplicação do *quod plerumque fit*: as leis são feitas para o que normalmente acontece, não para casos raros, excepcionais, como já prelecionava Carlos Maximiliano (*Hermenêutica e aplicação do direito*, p. 322): "Provado um fato comum, não pode o julgador deixar de decidir de acordo com ele pela circunstância de às vezes verificar-se outro, oriundo de causa diversa ou tendente a produzir efeito diferente".

Será necessário insistir que, no IPTU progressivo em função do valor imobiliário, o comum, o usual, o normal, o rotineiro, é a correlação entre valor venal do imóvel e capacidade contributiva?

207. Que o IPTU possa economicamente figurar como um redutor do patrimônio, e até em tese atingir as raias do confisco, é eventualmente possível. Mas essa possibilidade, sobre dever ser aferida em cada caso, não é, em absoluto, exclusividade desse tributo. Tanto que a Constituição Federal inclui a proibição do confisco entre as vedações tributárias de caráter *geral* (art. 150, III e IV). Também o IR, por exemplo, pode chegar a ser confiscatório. Nenhuma especificidade do IPTU progressivo, portanto. A competência do Município não deve ser encarada sob perspectiva ideológica: a ideologia de inferioridade das leis municipais diante das leis federais e estaduais. É autocontraditória a ideia de um autônomo, politicamente inferior.

É o quanto basta, esse exemplo, para demonstrar que uma lacuna legal não pode ser suprida, no ato sentencial, pela aplicação da normatividade geral da lei a uma hipótese excepcional. Claramente, a hipótese excepcional postula uma solução jurisprudencial diversa. Retorne-se, portanto, ao leito natural deste tópico: a insuficiência da lei para regular todas as situações vitais. A questão diversificar-se-á enormemente se já estivermos diante de uma norma legal excepcional: aí, não há claro algum a ser preenchido no ato sentencial.

208. O princípio do contraditório e seu consectário, a ampla defesa, estão insculpidos na Constituição Federal, art. 5, LV, já transcrito.

No direito processual – administrativo ou judicial – esse princípio atua pela pluralidade de partes – ao menos duas: autor e réu, que se fazem representar diante de uma "parte imparcial", o juiz da causa. Aos advogados é preservada constitucionalmente a mais ampla liberdade de argumentação, necessária ao exercício do direito de defesa ou da faculdade de acusar. Ora, quando se dão aos advogados os meios mais amplos de argumentação retórica, dá-se, *ipso facto*, ao juiz o dever-poder de assumir um dos argumentos em confronto, se de sua procedência estiver convencido. Assim sendo, a decisão judicial pode revestir característica *praeter legem* e eventualmente até *contra legem*. Nunca porém contrária ao Direito. Não seria, a rigor, jurídica. Coloca-se, então, um problema que a doutrina moderna caracteriza como uma *antinomia* entre a norma geral a ser aplicada e o ato de sua aplicação pelo juiz. É questão muito diferente da lacuna jurídica, e o modo de solucionar esse problema depende, em sede moderna, do ordenamento jurídico. Nada que a lógica possa decidir com as suas próprias forças.

209. É próprio do ofício do juiz não apenas aplicar o Direito, mas também preencher as suas lacunas. Se procedem os argumentos supraexpendidos, o princípio do contraditório, associado ao princípio da universalidade da jurisdição (CF, art. 59, inciso XXXV), deverá ser visto também como um critério constitucional para a colmatação, pelo juiz, de lacunas do Direito: uma consequência surpreendente. Mas nem por isso menos procedente. Se o preenchimento de lacunas estivesse fora da função jurisdicional, a defesa não seria a rigor e eventualmente ampla, e menos ainda o contraditório. E muito menos a jurisdição poderia dizer-se universal. Bem por isso, a Lei de Introdução às Normas do Direito Brasileiro prescreve, no seu art. 4º: "Quando a lei for omissa, o juiz decidirá o caso de acordo com a analogia, os costumes e os princípios gerais do direito".

A justiça é sempre indissociável do ato jurisdicional, mesmo quando nele se retrai pela intromissão da injustiça, como ocorre em decorrência da visão tecnológica moderna, separando segurança e justiça jurídicas. É sempre a justiça da decisão judicial que está em questão. O juiz não é um autômato, um clone da cibernética, mas um sacerdote da justiça: "Recusa-se ele, às vezes, a escolher a lei formalmente aplicável à espécie, criando o que se chama a *falsa lacuna*, quando para ele é manifesto que a aplicação da lei aos fatos peculiares da hipótese redunda em injustiça que não teria sido querida pelo legislador, se tivesse que regular o caso" (Torquato Castro, *Teoria da situação jurídica no direito privado nacional*, p. 15).

210. Aqui, impõe-se o retorno às fontes romanas. E esse retorno é ao extrato do *Digesto*, Liv. 50, tít. 17, *frag*. 1, de Paulo, livro 16 do seu *Comentário* a Plautio: "Regula est quae rem quae est breviter enarrat. Non est regula sumatur, sed ex jure quod est regula fiat" (em vernáculo: "a característica da regra é enunciar brevemente uma coisa preexistente. Não é necessário seja o direito extraído da regra, mas que, do direito preexistente, seja extraída a regra").

A conduta humana há de ser regulada segundo a justiça. Nem sempre é invocável legitimamente (e quase sempre não o é) o brocardo *dura lex sed lex*. Como acentua, inspiradamente, Carnelutti, a lei é um meio a serviço da justiça, e não um fim em si mesma. A infalibilidade da lei é, então, claramente afastada. A norma excepcional produzida pelo juiz é como milagre, exemplo prático não da inutilidade da lei (regra), mas da necessidade da exceção (*I Valore Giuridici del Messaggio Cristiano*, p. 13, *in fine*).

211. Rigorosamente falando, porém, esse problema não resulta de uma contradição entre a norma geral (a da lei) e a norma individual (a da sentença), produzida pelo juiz. É a *insuficiência* da lei para regular todas as relações da vida: "Até hoje, mais ou menos conscientemente, a adoração da lei expulsou a equidade do direito. Além do mais, a equidade se coloca numa posição subordinada à lei" (Carnelutti, ob. cit., p. 25-26). Não se trata portanto de julgar *contra legem*, mas *praeter legem*, para além do território onde a norma geral legitimamente se aplicaria. Não uma antítese, mas uma complementação do sentido incompleto da norma geral (não contempla a lei a situação excepcional). Deixar de sentenciar em casos que tais, ou sentenciar apenas conforme a letra da lei, equivale a uma denegação da justiça. Onde se manifesta a insuficiência legal, impõe-se a necessidade de uma norma de exceção que a complete. A norma individual (sentença) excepcional, tanto quanto a norma legal excepcional, é um critério, constitucionalmente estruturado, de integração do sistema jurídico.

Essa insuficiência legal ilustra e põe a descoberto as limitações do sistema axiomático-dedutivo para dar conta de todas as situações de fato com que a experiência jurídica, na aplicação do direito, se depara.

BIBLIOGRAFIA

ALVIM, José Manuel de Arruda. *Código de Processo Civil comentado*. São Paulo: RT, 1975. v. I.

AMADO, Juan Antonio Garcia. *Teorías de la tópica juridica*. Madri: Civitas, 1988.

AQUINO, S. Tomás. *Tratado da justiça*. Porto: Resjurídica, s/d.

_______. *Tratado da lei*. Porto: Resjurídica, s/d.

ARISTÓTELES. *Arte retórica e arte poética*. Rio de Janeiro: Ediouro, s/d.

_______. *Metafísica*. 2. ed. trilíngue. Madri: Credos, 1990.

_______. *Obra jurídica*. Porto: Resjurídica, s/d.

_______. Tópicos. *Obras Completas*. Série Biblioteca de Autores Clássicos publicada pelo Centro de Filosofia da Universidade de Lisboa. Imprensa Nacional – Casa da Moeda. Lisboa: 2007.

BACHELARD, Gaston. *A chama de uma vela*. Rio de Janeiro: Bertrand Brasil, 1989.

_______. *A poética do espaço*. São Paulo: Martins Fontes, 1989.

_______. *A terra e os devaneios do repouso*. São Paulo: Martins Fontes, 1990.

_______. *O direito de sonhar*. 3. ed. Rio de Janeiro: Bertrand Brasil, 1991.

BANDEIRA DE MELLO, Celso Antônio. *Curso de direito administrativo*. 5. ed. São Paulo: Malheiros, 1994; 30. ed. 2013.

______. *Discricionariedade e controle jurisdicional*. São Paulo: Malheiros, 1992; 2. ed., 11ª tir. 2012.

BARDEN, Garret. Le dialogue qu'est la Common Law. *Archives de Philosophie du Droit*. Paris: Sirey, 1982, t. 29, p. 95 a 100.

BECKER, Alfredo Augusto. *Carnaval tributário*. São Paulo: Saraiva, 1989.

______. *Teoria geral do direito tributário*. São Paulo: Saraiva, 1963.

BOBBIO, Norberto. *Dalla struttura alla funzione*. Milão: Edizioni di Comunità, 1977.

BOHR, Niels. *Physique atomique et connaissance humaine*. Paris: Gouthier, 1961.

BORGES, Arnaldo. Lançamento tributário. *Revista de Direito Tributário*, v. 25/26, p. 348 a 362.

BORGES, José Souto Maior. *Ciência feliz*. São Paulo: Quartier Latin, 2007.

______. IPTU: progressividade. *Revista de Direito Tributário*, São Paulo: Malheiros, v. 59, p. 74-94, s/d.

______. *Isenções tributárias*. São Paulo: Sugestões Tributárias, 1969.

______. *Lançamento tributário*. 2. ed. São Paulo: Malheiros, 2001.

______. *Obrigação tributária* (uma introdução metodológica). São Paulo: Saraiva, 1984; 2. ed. São Paulo: Malheiros, 2001.

______. *Teoria geral da isenção tributária*. 3. ed., 3ª tir. São Paulo: Malheiros Editores, 2011.

______. *Tratado de direito tributário brasileiro. Lançamento Tributário*. Rio de Janeiro: Forense, 1981. v. 4.

BOUVERESSE, Renée. *Karl Popper*. Paris: Vrin, 1981.

CARNELUTTI, Francesco. *Arte del derecho (seis meditaciones sobre el Derecho)*. Buenos Aires: Ediciones Jurídicas Europa--América, 1956.

______. *Como nace el derecho*. Buenos Aires: Ediciones Jurídicas Europa-América, 1959.

______. *Diritto e proceso*. Nápoles: Morano Editore, 1958.

______. *Metodología del derecho*. México: Unión Tipográfica Editorial Hispano-Americana, s/d.

CARRAZZA, Roque Antonio. *Curso de direito constitucional tributário*. 3. ed. São Paulo: RT, 1991; 29. ed. São Paulo: Malheiros, 2013.

CASTRO, Torquato. *Teoria da situação jurídica no direito privado nacional*. Estrutura, causa e título legitimário do sujeito. São Paulo: Saraiva, 1985.

CAVALLA, Francesco. *Della possibilità di fondare la logica giudiziaria sulla struttura dialettica del principio de non contraddizione*. Saggio Introdutivo. Separata de *Verifique*, n. 1, 1983.

______. Tópica jurídica. *Enciclopedia del Diritto*. Separata do v. XLIV. Milão: Giuffrè, s/d.

CHANTEUR, Janine. Dialogue et dialectique chez Platon. *Archives de Philosophie du Droit*. Paris: Sirey, 1984, t. 29, p. 43 a 54.

CÍCERO, Marco Tulio. *Do orador – Textos vários*. Porto: Resjurídica, s/d.

______. *Sobre o destino*. Ed. bilíngue. São Paulo: Nova Alexandrina, 1993.

COMTE, Augusto. *Sistema de política positiva*. v. III.

COSTA, Alfredo de Araújo Lopes da. *Direito processual civil brasileiro*. 3. ed. Rio de Janeiro: Forense, 1959. v. 1.

CRULS, Gastão. *Aparência do Rio de Janeiro*. 2. ed. Rio de Janeiro: José Olympio, 1965. t. I.

CUNHA, Antônio Geraldo da. *Dicionário etimológico da língua portuguesa.* 1. ed. 2ª impressão. Rio de Janeiro: Nova Fronteira, 1982.

DAGOGNET, Fraçois. *Bachelard.* Lisboa: Edições 70, 1986.

DEGADT, Peter. *Littératures contemporaines sur la "topique juridique".* Paris: Presses Universitaires de France, 1981.

DERZI, Misabel. *Direito tributário, direito penal e tipo.* São Paulo: RT, 1988.

FERREIRA. Joaquim. *Novo dicionário etimológico da língua portuguesa.* Porto: Domingos Barreira, 1960.

FONTINHA, Rodrigo. *Novo dicionário etimológico da língua portuguesa.* Revisto por Joaquim Ferreira. Porto: Domingos Barreira, s/d.

FOUILLÉE, Alfred. *Histoire de la philosophie.* 16. ed. Paris: Librairie Delagrave, 1924.

GARDIERS, Jean-Louis. De la spécificité du dialogue a l'intérieur du droit. *Archives de Philosophie du Droit.* Paris: Sirey, 1984. v. 29, p. 169-174.

GIULIANI, Alessandro. *La definizione aristotelica della giustizia, metodo dialettico e analisi del lenguaggio normativo.* Università degli Studi di Perugia, Facoltà di Giurisprudenza.

_______. La controverse, Droit, movement et réminiscence. *Archives de Philosophie du Droit.* Paris: Sirey, 1984, t. 29, p. 101-116.

GUITTON, Jean. *Nouvel art de penser.* Aubier, Paris, s/d.

HAGUETTE, André *et alii. Dialética hoje.* Petrópolis: Vozes, 1990.

HEIDEGGER, Martin. *Einführung in die Metaphysik.* Tubingen: Max Niemeyer, 1987.

_______. *Essais et conférences.* Paris: Gallimard, 1958.

______. *Hölderlins Hymnen "Germanien" und "Der Rhein"*. Obra completa (*Gesamtausgabe*). Frankfurt: Vitorio Klostermann, 1989. v. 39.

______. *Réponses et questions sur l'histoire et la Politique*. Mercure de France, 1988.

______. Von Wesen der Wahrheit. *Wegmarken*. Frankfurt: Vittorio Klostermann, 1978. p. 201-236.

______. *Was heisst Denken?*. Tubingen: Max Niemeyer, 1984.

HEISENBERG, Werner. *Física e filosofia*. 2. ed. Brasília: UnB, 1987.

HENSEL, Albert. *Diritto tributário*. Milano: Giuffrè, 1956.

HERÁCLITO DE ÉFESO. Fragmentos. *Los Presocraticos*. México: Fondo de Cultura Económica, 1980.

HEIDER, Johann Gottfried. *Ensaio sobre a origem da linguagem*. Lisboa: Antígona, 1987.

HÖLDERLIN. *Poemas*. Ed. bilíngue. Lisboa: Relógio d'Água, 1991.

JACQUES, Francis. *Dialogiques – Recherches logiques sur le dialogue*. Paris: Presses Universitaires de France, 1979.

______. Dialogue exige: communicabilité et dialectique. *Archives de Philosophie du Droit*. Paris: Sirey, 1984. t. 29, p. 7 a 26.

KELSEN, Hans. *A justiça e o direito natural*. 2. ed. Tradução de João Baptista Machado. São Paulo: Studium, 1979

______. *Teoria general del derecho y del Estado*. México: Imprenta Universitaria, 1949.

______. *Reine Rechtslehre*. Viena: Franz Deuticke, 1976.

______. *The communist theory of law*. Darmstadt: Scientia, 1976.

KNEALE, William e Martha. *O desenvolvimento da lógica*. 2. ed. Lisboa: Fundação Calouste Gulbenkian, s/d.

KONDER, Leandro. *O que é dialética*. São Paulo: Brasiliense, 1981.

KUHN, Thomas S. *A estrutura das revoluções científicas*. 3. ed. São Paulo: Perspectiva, s/d.

LALANDE, Andrè. *Vocabulaire téchnique et critique de la philosophie*. Paris: Presses Universitaires de France, 1951.

LARENZ, Karl. *Metodologia da ciência do direito*. 2. ed. Lisboa: Fundação Calouste Gulbenkian, s/d.

LAWRENCE, D. H. *Apocalipse*. São Paulo: Companhia das Letras, 1990.

LEFÈBVRE, Henri. *Lógica formal – Lógica dialética, lógica dialéctica*. 2. ed. Rio de Janeiro: Civilização Brasileira, 1979.

MARQUES, José Frederico. *Instituições de direito processual civil*. Rio de Janeiro: Forense, 5 vols.

MAXIMILIANO, Carlos. *Hermenêutica e aplicação do Direito*. 6. ed. Rio/São Paulo: Freitas Bastos, 1957.

MONTESQUIEU. *Do espírito das leis*, t. XXI da Coleção *Os Pensadores*. São Paulo: Abril Cultural, 1973.

MORA, José Ferrater. *Dicionário de filosofia*. Madri: Alianza Editorial, 4 vols.

MORIN, Edgar. *Chorar, amar, rir, compreender*. São Paulo: Edições Sesc, 2012.

______. *O método 6* – Ética. 4. ed. Porto Alegre: Sulina, 2011.

MOURÃO, Gerardo Mello. *A invenção do saber*. Rio de Janeiro: Paz e Terra, 1983.

PASCAL, Blaise. *Pensées*. 2. ed. Paris: Delmas, 1952.

PAULO VI (Papa). *Apologia do advogado*. Suplemento n. 228 do *Ementário Forense*.

PERELMAN, Chain. *L'empire rhétorique*. Paris: Vrin, 1977.

______. *Logique juridique* – Nouvelle rhétorique. Paris: Dalloz, 1976.

______ ; OLBRECHTS-TYTECA. *Traité de l'argumentation* – La nouvelle rhétorique. 3. ed. Université de Bruxellas, 1970.

PESSOA, Fernando. *Obra poética*. Rio de Janeiro: Aguilar, 1960.

PETERS, F. E. *Termos filosóficos gregos* – Um léxico histórico. 2. ed. Lisboa: Fundação Calouste Gulbenkian, s/d.

PLATÃO. *Obras completas*. 2. ed. (reimpressão). Madri: Aguilar, 1990.

PONTES DE MIRANDA, Francisco Cavalcanti. *Sistema de ciência positiva do Direito*. Rio de Janeiro: Jacintho Ribeiro dos Santos, 1922. 2 vols.

POPPER, Karl. *Conjecturas e refutações*. Brasília: UnB, s/d.

______. *The Logic of Scientific Discovery*. Londres: Hutchinson, 1980.

PUIRGARNAU, Jaime M. *Lógica para juristas*. Barcelona: Boch, 1969.

RAMOS, Guerreiro. *Introdução crítica à sociologia brasileira*. Rio de Janeiro: Editorial Andes, 1957.

RILKE, Rainer Maria. *Les élégies de Duino (Duiniser Elegien) Les Sonnets a Orphée (Die Sonette na Orpheus)*. Ed. Bilingue. Paris: Aubier, s/d.

______. *Poemas*. Trad. José Paulo Paes. São Paulo: Companhia das Letras, 1993.

SALDANHA, Nélson. *O jardim e a praça, o privado e o público na vida social e na história*. São Paulo: Edusp 1993.

SANTOS, Mário Ferreira dos. *Filosofia concreta*. São Paulo: É Realizações, 2000.

SCHÖNKE, Adolfo. *Derecho processual civil*. Barcelona: Bosch, 1950.

SCHULZ, Fritz. *Derecho romano clásico*. Barcelona: Bosch, 1960.

SCIACCA, Michele Federico. *Historia de la filosofia*. Barcelona: Luis Miracle, 1950.

SENN, Felix. *De la Justice et du Droit*. Recueil Paris: Sirey, 1927.

SICHES, Luis Recaséns. *Introducción al estúdio del Derecho*. México: Editorial Porrúa, 1970.

______. *Nueva Filosofia de la interpretación del Derecho*. 2. ed. México: Editorial Porrúa, 1973.

______. *Tratado general de filosofia del derecho*. México: Editorial Porrúa, 1959.

VANNI, Icilio. *Filosofia del derecho*. Madri: Bertran, s/d.

VANONI, Ezio. Natura ed interpretazione dele legge tributarie. *Opere giuridiche*. Milão: Giuffrè, 1961.

VEIGA, Gláucio. *História das ideais da Faculdade de Direito do Recife*. 7 vols. ed. particular do autor (sem indicação de editora).

VIEWEG, Theodor. *Topik und jurisprudenz*. Munique: C.H. Beck, 1974.

VILANOVA, Lourival. *Lógica Jurídica*. São Paulo: Bushatsky, 1973.

VILLEY, Michel. Dialetique et Droit Naturel. *Revista Internationale di Filosofia del Diritto*. v. 50, n. 4, p. 821-831.

______. De la dialectique comme art de dialogue et sur les relations au Droit. *Archives de Philosophie du Droit*. Paris: Sirey, t. 27.

______. *Le droit et les droits de l'homme*. Paris: Presser Universitaires de France, 1983.

______. *Le droit romain*. Paris: Presses Universitaires de France, 1957.

______. *Leçons d'historie de la philosophie du droit.* Paris: Dalloz, 1957.

______. *Philosophie du droit.* Paris: Dalloz, I – *Définitions et fins du Droit.* 4. ed. 1986; II – *Les Moyens du Droit.* 7. ed. 1984.

______. Préface. *Archives de Philosophie du Droit.* Paris: Sirey, 1984. t. 29, p. 3-6.

______. *Questions de Saint Thomas d'Aquin sur le droit et la politique.* Paris: Presses Universitaires de France, 1987.

______. *Rivista Internazionale di Filosofia del Diritto* 50/822.

______. *Seize Essais de Philosophie du Droit – dont un sur la crise universitaire.* Paris: Dalloz, 1969.

______. Sur les essais d'application de la Logique Déontique au Droit. *Archives de Philosophie du Droit.* Paris: Sirey, v. 17, p. 407 a 412.

VULLIERME, Jean-Louis. Le dialogue, milieu du politique. *Archives de Pholosophie du Droit.* Paris: Sirey, 1984. t. 29, p. 27-42.

ÍNDICE REMISSIVO DOS AUTORES[21]

21. Os algarismos referem-se aos parágrafos; os romanos aos do Preâmbulo e os arábicos aos do texto.

G

H

I

J

K

L

M

N

O

P

R

S

T

U

V

W

Z

O CONTRADITÓRIO NO PROCESSO JUDICIAL

JOSÉ SOUTO MAIOR BORGES

"O teu ser deverá conservar e desenvolver em sensibilidade capaz de escutar e entender também as estrelas e as pedras do caminho; e não apenas as leis e os autos de infração. O homem pode viver do Direito Tributário, mas não para o Direito Tributário".

Essa lição de Alfredo Augusto Becker, numa carta amistosa e inolvidável ao autor, influenciou decisivamente a evolução do seu pensamento. Explica por que, egresso do direito tributário, o autor acabou por escrever, numa reviravolta algo surpreendente, esta obra, que resulta na superação do confinamento numa especialização teórica.

Ao contrário do que o título sugere, este não é um livro de dogmática constitucional ou processual. Não aborda especificamente o processo administrativo, tributário, trabalhista, civil, penal ou qualquer outro. Tampouco oferta uma teoria geral do processo. Nele o processo é o ponto de convergência para meditações jurídico-filosóficas. Meditações livres sobre o direito processual, ao estilo do Carnelutti, da maturidade.

Para tanto, o autor pôs-se à escuta do dizer dos juristas, mas também dos filósofos e, entre os poetas, alguns dos maiores, os que habitam a proximidade das estrelas, em voo livre da imaginação criadora.

Esta obra não circunscreve a uma especialização dogmática, de que se ocupa tradicionalmente a ciência do processo. Trata-se ao contrário de estudar a dialética do processo em geral, esta arte apropriada a todas as disciplinas processuais. O processo, pelo princípio constitucional do contraditório, é depositário da dialética, a vetusta arte do diálogo, revisitada nesta obra. Uma arte quase esquecida, que o autor retoma para afastar as pedras do seu caminho de pensamento, o do diálogo com as palavras mais fundamentais do Direito e aqueles que as proferiram.

Esta obra é destinada aos que não se contentam com a interpretação literal das leis e regulamentos, porque têm do Direito uma visão mais ambiciosa: *viver do direito processual, não porém para o direito processual* – bem poderia ser a sua divisa.

Impressão e acabamento
psi7 | book7
psi7.com.br book7.com.br